U0032656

余英時
文集
——
09

東漢生死觀

余英時 —————— 著

侯旭東 等 ——— 譯　何俊 ——— 編

余英時文集編輯序言

聯經出版公司編輯部

　　余英時先生是當代最重要的中國史學者，也是對於華人世界思想與文化影響深遠的知識人。

　　余先生一生著作無數，研究範圍縱橫三千年中國思想與文化史，對中國史學研究有極為開創性的貢獻，作品每每別開生面，引發廣泛的迴響與討論。除了學術論著外，

他更撰寫大量文章，針對當代政治、社會與文化議題發表意見。

　　一九七六年九月，聯經出版了余先生的《歷史與思想》，這是余先生在台灣出版的第一本著作，也開啟了余先生與聯經此後深厚的關係。往後四十多年間，從《歷史與思想》到他的最後一本學術專書《論天人之際》，余先生在聯經一共出版了十二部作品。

　　余先生過世之後，聯經開始著手規劃「余英時文集」出版事宜，將余先生過去在台灣尚未集結出版的文章，編成十六種書目，再加上原本的十二部作品，總計共二十八種，總字數超過四百五十萬字。這個數字展現了余先生旺盛的創作力，從中也可看見余先生一生思想發展的軌跡，以及他開闊的視野、精深的學問，與多面向的關懷。

　　文集中的書目分為四大類。第一類是余先生的**學術論著**，除了過去在聯經出版的十二部作品外，此次新增兩冊《中國歷史研究的反思》古代史篇與現代史篇，收錄了余先生尚未集結出版之單篇論文，包括不同時期發表之中英文文章，以及應邀為辛亥革命、戊戌變法、五四運動等重要歷史議題撰寫的反思或訪談。《我的治學經驗》則是余先生畢生讀書、治學的經驗談。

　　其次，則是余先生的**社會關懷**，包括他多年來撰寫的時事評論（《時論集》），以及他擔任自由亞洲電台評論員期間，對於華人世界政治局勢所做的評析（《政論集》）。

其中，他針對當代中國的政治及其領導人多有鍼砭，對於香港與台灣的情勢以及民主政治的未來，也提出其觀察與見解。

余先生除了是位知識淵博的學者，同時也是位溫暖而慷慨的友人和長者。文集中也反映余先生**生活交遊**的一面。如《書信選》與《詩存》呈現余先生與師長、友朋的魚雁往返、詩文唱和，從中既展現了他的人格本色，也可看出其思想脈絡。《序文集》是他應各方請託而完成的作品，《雜文集》則蒐羅不少余先生為同輩學人撰寫的追憶文章，也記錄他與文化和出版界的交往。

文集的另一重點，是收錄了余先生二十多歲，居住於**香港期間**的著作，包括六冊專書，以及發表於報章雜誌上的各類文章（《香港時代文集》）。這七冊文集的寫作年代集中於一九五〇年代前半，見證了一位自由主義者的青年時代，也是余先生一生澎湃思想的起點。

本次文集的編輯過程，獲得許多專家學者的協助，其中，中央研究院王汎森院士與中央警察大學李顯裕教授，分別提供手中蒐集的大量相關資料，為文集的成形奠定重要基礎。

最後，本次文集的出版，要特別感謝余夫人陳淑平女士的支持，她並慨然捐出余先生所有在聯經出版著作的版稅，委由聯經成立「余英時人文著作出版獎助基金」，用於獎助出版人文領域之學術論著，代表了余英時、陳淑平

夫婦期勉下一代學人的美意，也期待能夠延續余先生對於
人文學術研究的偉大貢獻。

編者序言

　　我收集余英時先生的英文論著，初衷本是爲了自己更全面地學習他的治學方法和理解他的論學旨趣。但在閱讀的過程中慢慢覺得，如果能將這些論著譯成中文，也許不失爲一件有意義的事情。這意義在我看來至少有兩點：一是有興趣的讀者可以更全面地讀到余先生的論著；二是有助於對海外漢學以及中美學術交流的認識與研究。

　　《東漢生死觀》取名於余先生1962年在哈佛大學的同名博士論文。由於這篇學位論文中的第一章後經修改以同名發表於1964-1965年的《哈佛亞洲研究學刊》，因此在本冊中用後者取代了前者。此外，另收了同一主題的一篇書評(1981年)和一篇論文(1987年)。時隔20年作者續論這一主題，主要是因爲考古的新發現。1978年末余先生率美國漢代研究代表團訪問中國月餘，漢代文獻與遺跡的親切感受大概也起了激活作用。

　　《漢代貿易與擴張》取名於余先生1967年出版的同名專著。此外，另收了兩篇論文和一篇書評。論文與漢代有關，發表的時間雖然分別是1977年和1990年，但後者是因所收入的文集出版延後所致，實際上它們同時完成於1973-1975年間。與這一主題相關，作者後來爲《劍橋中國史》(秦漢卷)(1988年)撰有專章「漢代對外關

係」，此書早有中譯本，故這裡不再收錄。1964年刊行的書評是關於唐代財政體制的，雖與漢代無直接關係，但考慮到主題同屬於社會經濟史，所以一併編入此冊。

《人文與理性的中國》由多篇論文組成，討論主題集中在中國思想史，涉及3世紀到當代，體裁有專論、書評、條目和序跋，先後發表於1980-2000年。之所以取名爲《人文與理性的中國》，是我以爲這個提法能反映余先生的思想，他的所有思想史論著從根本的意義上說，也正是要釋證中國文化中的人文情懷和理性精神。（編按：繁體中文版出版時，依余先生的意思，增收〈文藝復興乎？啓蒙運動乎？——一個史學家對五四運動的反思〉、〈朱熹哲學體系中的道德與知識〉、〈歷史視野的儒家與中西相遇〉、〈20世紀中國現代化與革命崇拜之爭〉、〈歷史學的新文化轉向與亞洲傳統的再發現〉五文。）

《十字路口的中國史學》，取名於余先生作爲美國漢代研究訪華團團長寫成的同名總結報告。此外，收入了由余先生滙總的訪問活動與討論日記，以及差不多同時完成並與主題相關的一篇專論。這篇專論最初以中文寫成發表，後被譯成英文並經作者適當改寫後發表，收入本冊時相同部分照錄中文，不同部分則據英文而譯。

余英時先生的英文論著在1970年代有一個明顯的變化，此後他的學術論著主要是以中文發表，大部分英文論著則概述他中文論著的主要思想，以及他對中國思想文化傳統的分析性通論。前者顯然是因爲他希望更直接地貢獻於中國學術，後者則表明他希望將中國的學術引入美國。促成這個變化的契機大概是他1973-1975年在新亞書院及香港中文大學的任職。雖然服務兩年後仍回哈佛任教本是事先的約定，且這兩年的服務也令他身心疲憊，但深藏於他心中的

中國感情似乎更被觸動，更需要得到合理的安頓。1976年1月余英時先生46歲時，同在哈佛任教的楊聯陞將自己與胡適的長年往來書信複印本送給他作爲生日禮物，在封面上題寫：「何必家園柳？灼然獅子兒！」大概正是體會到弟子的心情而示以老師的寬慰、提示與勉勵吧。

此後，余先生與兩岸三地的中國學界一直保持著密切的學術交流。我在余先生小書齋的書架上翻覽時曾見到錢鍾書在所贈《管錐編》扉頁上的題詞，當時覺得有趣，便請余先生用他的小複印機複印了一份給我，現不妨抄錄在這裡，也算是一個佐證。題云：

> 誤字頗多，未能盡校改，印就後自讀一過，已覺須補訂者二三十處。學無止而知無涯，炳燭見跋，求全自苦，眞癡頑老子也。每得君書，感其詞翰之妙，來客有解事者，輒出而共賞焉。今晨客過，睹而歎曰：「海外當推獨步矣。」應之曰：「即在中原亦豈作第二人想乎！」並告以入語林。

總之，讀余英時先生的英文論著應當注意其中的中國學術背景，正如讀他的中文論著應該留心其中的西方學術背景一樣。

何　俊

目次

東漢生死觀

導 言

一、思想史及其若干問題

思想史家通常將他們的研究對象劃分成兩個層次：一個是思想的「高」層次，或正式的思想；另一個是思想的「低」層次，或民間思想[1]。在歷史領域內，作爲獨立的分支，高層次思想的研究久已得到良好地確立，大多數思想史的研究成果屬於這個範疇。與此相反，民間思想極少得到思想史家的關注，儘管談得並不少。原因不難發現，思想史家如果從事民間思想的研究，便總是會使自己的研究面臨與社會史家的工作很難區分的困難[2]。因爲民間思想顧名思義，不僅包括了老百姓的所思所信，而且還包括了他們的所行；有時人們的所思所信還只能通過他們的所行才能得到把握。在這個層次，思想史與社會史必須結合起來研究。而彼此間的區別，如果有的話，也只是各有側重而已。

民間思想有時被認爲是「第一層次的思想在經過一兩代的『文化滯後』以後『滲透下來』的東西，在這樣的新環境中，觀念幾乎

1　例見H. Stuart Hughes, *Consciousness and Society* (New York, 1958), p. 9.

2　參見Crane Brinton, *Ideas and Men* (New York, 1950), p. 9; Hughes, *Consciousness and Society*, p. 10.

總是以通俗或扭曲的形態出現」[3]。作爲一種工作假設，我知道這樣的方法是非常有用的。但是，對民間思想作如此界定，似乎仍是不夠的，因爲只是從高層次的角度來看待民間思想時它才有意義。民間思想與正式思想的交流，特別是具有廣泛社會意義的交流，不能簡單地理解爲單向的。當思想史的研究者發現一些來自偉大頭腦的偉大思想起源甚卑，有時便可能會感到尷尬。如果允許我們將任何相對穩定的社會或文化視爲一個整體，[4] 我們將會發現要在正式思想及與其相對應的民間思想間劃出一條清晰的界線是困難的。正如布林頓曾指出的：

> 因而思想史家的全部工作是收集從抽象的哲學概念到人的具體活動間的所有可理解的材料。工作的一頭他要使自己盡可能成爲哲學家，或至少是哲學史家；另一頭則要使自己成爲社會史家，或只關注人類日常生活的普通歷史學家。而他的特殊工作就是要集兩任於一身。[5]

在我看來，洛夫喬伊對於思想史研究的最大貢獻之一似乎在於，在追溯觀念的發展時他一再堅持超越純思想領域的必要性。觀念時常在思想世界的非常不同的領域中遊移，有時潛藏其中，這一事實使得洛夫喬伊的堅持是必要的[6]。例如在18世紀，中國庭院的

3　Hughes, *Consciousness and Society*, p. 9.
4　Ruth Benedict, *Patterns of Culture* (Mentor Book edition, 1949)，特別是pp. 41-51.
5　Crane Brinton, *Ideas and Men* p. 9.
6　Arthur O. Lovejoy, *The Great Chain of Being* (Harvard,1936), p. 15; *Essays in the History of Ideas* (New York, 1955), 序, p. 12.

自然觀便通過各種途徑傳入歐洲，其影響不僅可以在純藝術領域中深切感受到，而且也可在文學與哲學中感受到[7]。在《存在的巨鏈》中，洛夫喬伊通過追溯某些柏拉圖哲學的觀念歷經時代在不同領域——形而上學、宗教、藝術、科學、道德價值，甚至是政治傾向——中的展開與影響，從而令人佩服地示範了其方法帶來的豐碩成果。同樣令人欽佩的是他對那些二流作家作品的挖掘，這些作品據信甚至往往更加清楚地反映出一個時代的傾向。

　　我們這一代思想史家特別面對的另一個長期存在的困惑是因果觀念的問題。受歷史唯物論，最近更直接的則是受知識社會學的衝擊，人們今天普遍傾向於從社會、經濟和政治環境出發思考觀念。將觀念隔絕在不受時間影響的真空裡的傳統習慣已經衰退。在許多方面，這種變化須被認為是人類認識技能的改善，但儘管如此，它也帶來了困擾思想史家的新難題，上述因果問題就是其中之一。的確，歸根到底觀念是否只應被視為特殊社會歷史過程的反映，或是否應當相信觀念在塑造人類社會中有些作用，無論這種作用多麼有限，這個問題只是自由論與決定論長久爭論的一個側面，這裡絕對不可能論及這個問題，即使是淺嘗輒止。我涉及這個問題只是因為它與本文的寫作有直接的關聯。如我所見，對於一個持決定論的歷史學家來講，決不可能有這種意義上的「觀念史」，即觀念也擁有它自身超越社會歷史環境的歷史，即便是在非常有限的程度上。所有的觀念必須要追溯到各自的社會起源，所謂的觀念史或思想史因而被還原為在寬泛意義上正當地帶有社會歷史的上層建築構件特徵的東西。另一方面，或者我們走到另一極端，只相信某些哲學家宣

7　參見Lovejoy, "The Chinese Origin of a Romanticism," 收入*Essays*, pp. 99-135.

稱的「觀念創造歷史」[8]，固執地拒絕將觀念與其社會淵源間的甚至非常明顯的聯繫考慮進來，這樣的研究結果將不再是令人滿意的。因此，實際情況一定是介於兩者之間。正如羅素曾說：「哲學家兼因果於一身：他們既是他們時代的社會環境、政治和制度的結果，如果他們幸運的話，又是塑造後代的政治與制度信條的原因。」[9]儘管這個觀點可能難於把握而無法實際運用，但它拓展出一個廣闊的空間使得思想史家能夠自由地發揮他的技能和判斷力，而捨此則無所適從。

令人鼓舞的是，現代的思想史家已普遍地認為，在一個有限的程度上，「人對局勢的有意識的反應構成了改變局勢的動力之一」[10]。或者，在某種限定的意義上，觀念的確具有自己獨立於社會環境的生命[11]。正如後文中我們的討論將清楚地顯現出來的，這種假定是我自己為本文設定的性質與目標的理由之一。

二、方法與目的

本文是一個寬泛意義上的思想史研究，通過對生死觀及相關問題的討論來尋求將東漢思想中的高、低兩個層面聯繫起來，其主題下文詳論。我先簡要解釋一下處理此問題的方法。我的研究將集中

8　關於此見Franklin L. Baumer "Intellectual History and Its Problems," *The Journal of Modern History,* vol. 21, no.3（September 1949）, p. 200.

9　Bertrand Russell, *History of Western Philosophy*（London, 1946）, 序言。

10　Benjamin Schwartz,"The Intellectual History of China: Preliminary Reflections," 收入 J. K. Fairbank（ed.）*Chinese Thought and Institution*（Chicago, 1957）, p. 22; 另參見Hughes, *Consciousness and Society*, p. 5.

11　Baumer, "Intellectual History and Its Problems," *The Journal of Modern History,* vol. 21, no.3, p. 198.

在與本文的主題，即東漢生死觀，相關的一些觀念上。我深知，以
這樣一種方式來進行一種思想史研究，利弊參半。如我現在所理解
的，其長處之一是它能使我們追尋一種觀念在各個時代及不同面貌
下的變遷；另一方面，在我看來，其最大的缺陷之一，似乎在於對
研究所涉及的單個著作家的關注非常不夠。因此本文並不試圖在總
體上去呈現任何思想家的思想，無論他多麼重要；只有當某個人的
思想與所要討論的問題有直接的關聯時，才會去引證並加以研究。
換言之，涉及的只是每位作者的某些方面而已。

　　本文雖以東漢為題，大約時跨西元初的兩個世紀，但我的討論
並沒有嚴格限制在該時段。有時一旦某一觀念在東漢時尚處於潛在
的狀態而在後代變得更為活躍，我會將這一觀念的考察往後延伸到
西元3或4世紀。不過更多的是，我試圖盡可能追溯它們各自的早期
淵源，從而總體上能夠更確切地評價和更容易體會它們在這一時期
思想史的重要性與意義。畢竟思想史家的任務不只是指出有這樣的
思想潮流，而且還要指出它們流自何處、流向何方。

　　採取這樣的研究方法的原因有兩個。首先，我接受觀念也有自
身的生命、自身的歷史這樣的看法，因此它們不應該只被看作一個
既定社會的附屬物。觀念的變化是為了調整應對新的社會局勢，但
是觀念的變化本身正可用作觀念擁有其自身的生命與歷史的很好證
據。其次，如前所述，本文處理的是思想的兩個層面。在民間的層
面上，我大量使用了那些作者或甚至若干作者不為我們所知的作
品，這種作者的不確定性使得通過透視他們各自的社會背景來考察
觀念變得困難起來。但是，這並不意味著我忽視了政治、經濟與社
會環境對觀念形成和發展的重要性，事實上正相反。

　　史華茲依據他所說的「人們對局勢的有意識的反應」重新界定

思想史的焦點，在許多方面是有道理的[12]。就東漢時期，我隨手能舉一個例子來支持他的觀點。王充的《論衡》在現代幾乎已獲普遍讚譽，它是東漢思想成就的凸出標誌之一，現在發現他的許多新觀念為西元3世紀重要的哲學運動的興起鋪平了道路；另一方面，《論衡》也是最好的一面鏡子，它清楚地反映那個時代中國社會的許多方面。此外，王充對他自覺到的局勢的反應決不是消極的，他的反應具有高度的自覺意識。王充是他那個時代最偉大的批評家，幾乎沒有一種流行的觀念、習俗、迷信、信仰或風氣能逃脫他的尖銳批評。只有佛教沒有遭到批評，而學者們已以此作為「默證」來否定西元1世紀或更早佛教已流行於中土的傳統看法。在本文中，我也將《論衡》作為一種主要材料在各種可能的方面加以引用。因此，將觀念盡可能地與其一般社會背景聯繫起來也是這項研究的目的。在如此做的過程中，我甚至有一個更好的證明自我的理由。正如前文所述，在思想的低層次上，思想史與社會史非常緊密地交織在一起，任何將它們分開加以研究的企圖都會無望地勞而無功且令人絕望；對此，只要瀏覽一下一些社會史方面的權威著作就足以一目瞭然。塞繆爾・迪爾(Samuel Dill)的《從尼祿到馬可・奧勒留的羅馬社會》和約翰・赫伊津哈(Johan Huizinga)的《中世紀的衰落》對於各自關注的時代的觀念，特別是民間層面上的觀念，都做了富有洞察力與細緻的分析。在此方面，它們也可以有相當的理由被視為思想史著作。這兩本書，特別是前者中有關迷信、不朽信仰、宗教等章節和後者有關生死觀的章節，啟發了本文的撰寫。

　　我之所以研究生死觀，是考慮到這個論題的普遍性。東漢與任

12　Schwartz, "The Intellectual History of China: Preliminary Reflections," 收入J. K. Fairbank(ed.) *Chinese Thought and Institution*, p. 16.

何時代或社會一樣，生死問題屬於困擾所有人──不論貴賤、賢
愚、士俗、貧富──的具有最普遍意義的極少數問題。人們直接或
間接，清楚或隱晦，自覺或不自覺，都會對此問題給出自己的答
案。可以相信，通過周密、細緻地分析這些回答，儘管非常模糊，
人們或許能夠看到該時代被稱為「時代精神」[13]或「輿論氛圍」的
東西[14]。更不用說，所謂的「時代精神」或「輿論氛圍」，從界定
上看是一種能感受到卻無法捕捉到的難以捉摸的含混之物。這解釋
了為什麼一些思想史家認為這是一項特別困難的工作[15]。此外，如
果這種東西存在，它顯現於人們生活的幾乎各個方面，因此，研究
者可以從各個方向去接近它，並用不同的觀點去描述它。當然，下
文我要說的只是從更為普遍的觀點去理解時代的一種可能方式。

　　根據我對漢代各種生死觀的研究，我確信漢代的精神活動的走
向，正如洛夫喬伊所界定的，可以簡便地概括為「此世性」（this-
worldness）。在對彼世性與此世性作一般性區別時，洛夫喬伊說：

　　　　我所用的「彼世」這一觀念，並不指對於未來生命的信仰
　　　和關心。繫念的死後將是什麼情況或一腔心思都想著你所
　　　希望得到的歡樂即將來臨，那顯然是對「此世」戀戀不捨
　　　的一種最極端的方式。如果把「彼世」想像成與「此世」
　　　並非截然異類，而是大體相同，則「彼世」不過是「此
　　　世」存有模式的延伸而已。在這一想像中的「彼世」，將

13　Hughes, *Consciousness and Society*, p. 8.
14　Baumer, "Intellectual History and Its Problems," *The Journal of Modern History,* vol. 21, no. 3, p. 192.
15　Hughes, *Consciousness and Society*, p. 8.

> 和我們所熟知的「此世」一樣，依然是一個由變動、感
> 性、多元與塵緣所共同構成的世界。所不同的只是塵世中
> 的苦略去了，樂則提升了，以補償人在生前所遭受的種種
> 挫折罷了。如果人們所嚮往的「彼世」是這樣，那麼它在
> 本質上恰恰是對「此世」依戀的一種最極端的表現。16

據此，我們可以簡單地概括一下漢代與生死觀尤其相關的此世
精神。首先，讓我們來看一下人們對於此生的態度。一般來講，那
時人們對人世具有強烈的依戀感，他們渴望長壽而害怕死亡。此
外，他們關心世俗的事務並受世俗道德的約束，當然，這點在下文
還將作進一步的解釋。其次，其來生觀念是這個時代此世精神的最
好反映。這個時代的來生觀念有兩種主要形式：一種是成仙而升至
天堂，在那裡人欲不再遭受壓制；另一種是人性化了的死後世界概
念。死肯定是件恐怖之事，但是當它最終到來時，人們不得不作為
不可避免的事實而接受它。但是，人們並非無所作為，即仍可以通
過各種途徑將人世延伸到死後世界使自己得到安慰。無論哪種情
況，時人執著於依戀此世的強烈感受的程度顯現得非常鮮明。

不過，漢代的此世精神在不止一個領域清晰可辨。轉到思想史
的另一個問題，即思想的高、低層面間互動，我們甚至仍可以對此
點作進一步的闡明。

我們可以將東漢時期的儒學、民間道教分別視為代表思想的高
層面與低層面，但是，這種一般性的區分需要作一些說明。由於儒

---

16 Lovejoy, *The Great Chain of Being*, p. 24. 編譯者按：此句原是一長句，結
　構纏繞，照譯甚難。故請教余先生後，最後決定打散原文結構，大體依
　照順序，但又有調整，以意譯為主，也顧及了句法和思路。

學在漢代已成爲國家所崇信的學說，它不僅得到帝國朝廷的支持，而且也不斷得到士人階層的完善，儒學被視爲思想的高層面是容易理解的。確實，並不能簡單地用這個事實來表示漢代的儒學僅停留在上層社會；如其一貫所爲，漢代儒學也意在教化社會下層，因此做出各種各樣的努力以普及其說教。儘管如此，就整體而言，尤其當我們聯想到西漢董仲舒的《春秋繁露》和東漢的《白虎通》這樣的正統儒學著作時，將儒學與漢代有教養的士人聯繫在一起是有理由的[17]。另一方面，漢代的民間道教由於構成非常多元，要確定它是什麼相當困難。幸運的是，我們還有一部名爲《太平經》的道教經典可以利用，現在一般都認爲它包含著一些有關東漢的材料，並代表了東漢下層民眾的思想與感情。下文我們還將談到它，現在先讓我們簡單地假設它是一本民間道教的著作，進而來考察一下它在此世問題上及其與儒學關係上的一些基本態度。

《太平經》與其說是關注超離此世而成仙，不如說是專注於世俗事務，特別是政治，讀過它的人普遍爲此事實所打動。它勸告人們爲帝王尋找仙藥，鼓勵有能力者幫助帝王統治帝國[18]。其政治思想的顯著特點之一，在於它強調德而非罰的重要性，而這顯然是借自漢代儒家，特別是董仲舒的著作[19]。但是，這只是《太平經》的世俗精神和受儒學影響的一個方面。在其他方面，這一精神以及受惠於儒學是一樣的，甚至更加活躍主動。我僅舉數例來說明東

---

17 這點在侯外廬的〈漢代白虎觀宗教會議與神學法典《白虎通義》〉一文中強調過分，《歷史研究》1956年第5期，頁37-58。

18 關於道教，特別是《太平經》的此世精神，余遜在他的〈早期道教之政治信念〉一文中作了富有啓發性的闡述，《輔仁學志》卷11，第1-2期（1942年12月），尤其是頁98-107。

19 同上，頁18-20。

漢民間道教徒的一般社會思想。《太平經》多處強調陽尊陰卑的
觀念[20]，眾所周知，這個觀念是儒家社會哲學的組成部分，如從
《春秋繁露》與《白虎通》可見，它尤爲漢代儒家所完善。

　　更有趣的是儒家所解釋的君爲臣綱、父爲子綱、夫爲妻綱的三
綱說。《白虎通》正式提出此說[21]，此後從未受到任何正統儒家的
質疑。然而，此說也爲道教徒所採納，只不過以一種相當扭曲的方
式。《太平經》反覆強調，忠君、孝親、尊師是三種要培植的最重
要的德性[22]。但在一處它明確指出，君臣、父子、師徒構成了所謂
的三綱[23]。此例似乎具有重要的意義，它表明民間道教並不是不加
分辨地照抄儒家的理論教條，其借用只是滿足其自身的目的。甚至
以師徒關係取代原先的夫婦一綱在儒學中也有其根源。正如我們所
知，儒家師徒關係在漢代極爲緊密，東漢時期部分由於他們日益捲
入公共世俗利益，情況更是如此。

　　在與三綱相關的所有德性中，孝道尤爲民間道教所看重[24]，這
只有依據漢代的歷史背景才可能得到最好的理解。漢代儒家置孝道
於諸德之首，甚至皇帝也不得不培養這一德性。爲了普及這一觀
念，還以孔子的名義編寫了《孝經》。該書對民眾一定產生了難以
置信的影響，連道教徒也相信它具有免除各種災禍的神奇力量。
《後漢書》中有許多事例記載讀儒家經典甚至能遠離盜賊[25]；一處

20　王明，《太平經合校》(北京，1960)，頁386-389。
21　《白虎通》(tr. by Tjan)，2:559。
22　例見《太平經合校》，頁73-85，311，405-409，550，583-584。
23　同上，頁427。
24　《太平校》將孝道列爲人類所有價值中最爲重要者，見同上，頁591-594。
25　見秋月觀瑛，《黃老觀念の系譜》，《東方學》第10期(1955年4月)，頁6。

記載說黃巾道徒起兵後，一黃老道徒向朝廷建議，朝廷無需派兵去鎮壓叛亂，而應該派一將軍北向讀《孝經》，叛亂便會自行消滅[26]。這個例子說明，道教徒受儒家經典的影響何等深遠。另一個涉及《孝經》的奇異故事記載在《後漢紀》裡，據該書，西元190年，兩大臣上奏皇帝，稱讀《孝經》後有消災祛邪的神奇效果，最後皇帝接受他們的請求，每隔幾天就令他們兩位當面誦《孝經》[27]。這兩位大臣是否與民間道教有關，我們不得而知，但無論如何，對《孝經》的這種迷信為後來的道教徒所堅持。譬如，5世紀的著名道教徒顧歡確信《孝經》能使人祛除惡鬼與疾病兩者的侵害[28]。

考慮到這些事實，似乎至少在東漢，民間道教分享了儒家世俗學說中的大部分內容。在某種意義上，甚至可以傾向於認為前者只不過是後者的通俗翻版。一些學者相當懷疑《太平經》能否真正代表下層民眾的觀念，這或是原因之一[29]。

由前文關於思想史的問題的討論，我相信，東漢時期的這種此世精神以及民間道教的儒學化，可以用觀念從高層次到低層次的「滲透」來得到很好的解釋。如果思想的兩個層面相互尖銳對立，對時代的一些共同問題的態度毫無共同之處，我將會覺得更難以解釋。

另一方面也必須指出，儒學也受到了民間道教的影響。我們也有證據表明，一些東漢儒生精通道教法術。事實上，從西漢到東

26　《後漢書》卷111，頁11a。

27　袁宏，《後漢紀》，（萬有文庫本），卷26，頁313。

28　《南史》，（同文書局本），卷75，頁18b-19a。

29　見戎笙，〈試論太平經〉，《歷史研究》1959年第11期，頁47-59。

漢，儒學從未曾停止過將寬泛意義上的民間道教融入自己的體系。將大量讖緯納入漢代的儒家著述極好地證明了漢代儒學已在不小程度上受到了民間道教觀念的影響[30]。我們決不將思想的兩個層面間的「滲透」僅僅視爲單向的，其中一個原因即在於此。

三、材料

最後交待一下本文所使用的材料。我使用的材料涉及甚廣。諸如哲學、歷史、文學、藝術、考古發現和宗教文獻等各種領域的材料我都毫不猶豫地加以引用。多數材料早被證明是當時可信的資料，因而無需任何介紹與解釋。但是關於民間思想，近來頗受學者關注的兩本道家著作需要作些澄清，一本是上文提及的《太平經》，另一本是《老子想爾注》。我們逐一考察。

《道藏》中所發現的《太平經》主要由三部分構成。主要的部分就是《太平經》，它是最初更大的著作的一個節本，僅五十七卷；第二部分是十卷本的《太平經鈔》，據信是整個原作的概述；第三部分僅有數頁題爲《太平經聖君秘旨》，它也應被認爲是原本《太平經》的某種節錄本。

該書最大的難點在於難以確定其年代。爲了解決這個問題，過去二三十年間已提出兩種不同的看法。在涉及這一現代爭論前，我們不妨先簡略考察一下漢代以「太平」爲名的道教經典。就我們所知，漢代至少有兩部帶有「太平」字樣的道經。一部出現在漢成帝

30　參見宋佩韋，《東漢之宗教》（商務印書館），頁10-20；陳槃，〈戰國秦漢間方士考論〉，《中研院史語所集刊》第17本(1948)，尤其是頁46-57。

時期(前32-前7)；一位來自齊地的道士甘忠將所撰十二卷名為《包元太平經》的著作上呈皇帝，他建議朝廷應再次受命於天，因為漢的統治行運期限將至[31]。另一部出現在東漢順帝時期(126-144)，一位名叫宮崇的人將其師于吉(有時又作干吉)的「神書」進呈朝廷，書名為《太平清領書》，一百七十卷[32]。據說此書後來成為太平道徒教義的基本經典；而根據《後漢書》唐代注者的意見，《太平清領書》與最初也是一百七十卷的《太平經》是同一本書。

　　現在我們可以去看有關這個問題的重要的現代爭論。多數學者傾向於認為，《太平經》雖然經後人竄改，但它包含了大量的東漢材料。一般來說，學者們以三種不同方式檢視該書：一是涉及思想的內容，二是歷史背景，三是該書自身的流傳。我們依次來概述一下現代研究的結果。

　　1.涉及思想的內容。據《後漢書‧襄楷傳》，《太平清領書》一方面基於陰陽五行說，另一方面也關注如何使國家繁榮、子孫繁衍，尤其是對於皇帝而言。現代學者通過對現有《太平經》版本的仔細比勘，普遍得出這樣的結論：該書包含的核心觀念與《後漢書》對《太平清領書》的描述完全吻合[33]。最近，學者們更多關注《太平經》的社會、政治以及經濟思想，並得出相同的結論[34]。

31　《漢書》(商務印書館，1927)，卷75，頁13a。
32　《後漢書》卷30下，頁10a-11a。
33　例見小柳司氣太《東洋思想の研究》(東京，1934)，頁440-451；湯用彤，〈讀太平經書所見〉，《國學季刊》，卷5，第1期(1935)，尤其是頁15-21；大淵忍爾，〈太平經の思想について〉，《東洋學報》，卷28，第4期(1941年12月)，頁145-168。
34　見楊寬，〈論太平經〉，《學術月刊》，1959年第9期，頁26-34；李春圃，〈論黃巾起義的目的〉，《吉林大學人文科學學報》，1959年第2期，尤其是頁103-105；余遜，〈早期道教之政治信念〉，頁12-21。

2.歷史背景。確定《太平經》年代的另一個方法是找出其中反映了何種特殊歷史背景。在這個方面，湯用彤做出了重大的貢獻，他是第一個指出書中所用的某些術語僅見於漢代制度的現代學者[35]。一個日本專家也採用了相似的方法，這種方法使得此書更容易理解[36]。

3.《太平經》的流傳。這是有關《太平經》問題中爭議最大的地方，學者對此分歧很大。我們不可能介入爭論本身，所要做的只是簡要重述一下至今由專家們所提出的兩種不同的看法。一種看法堅持，雖然東漢時期的一百七十卷的原始《太平經》（推測它與《太平清領書》是同一本書）大部分已佚，但現存的今本《太平經》仍保留了不少的原始材料。該書或許到西元4世紀初猶存[37]，但後來隨著時間推移它又開始散失，直到西元6世紀下半葉得以部分重編，但已有竄改。但是宋(960-1279年)以後，該書再次逐漸散佚[38]。無論如何，今本《太平經》的大部分內容可被證明至少唐人，甚至晉人已將它等同於東漢的著作[39]。

但是，另一種看法否認現存《太平經》與《太平清領書》有任何關係。按照這種看法，東漢的作品唐以前便已散失，今本《太平經》只是從6世紀晚期名爲《太平洞極經》的道教著作中逐漸演變

35　湯用彤，〈讀太平經書所見〉，《國學季刊》，卷5，第1期，頁17；這點楊寬已作進一步闡述，〈論太平經〉，《學術月刊》，1959年第9期，頁27-28。

36　大淵忍爾，〈太平經の思想について〉，《東洋學報》，卷28，第4期，註2-7，頁165-166。

37　小柳司氣太，《東洋思想の研究》，頁433。

38　大淵忍爾，〈太平經の來歷について〉，《東洋學報》卷27，第2期(1940年2月)，頁117。

39　湯用彤，〈讀太平經書所見〉，《國學季刊》，卷5，第1期，頁14-16。

出來的[40]。

　　由於《道藏》中的現有文本性質頗為混雜，年代亦難考索，因此要非常清楚地考證《太平經》的流傳希望不大[41]。但在整體上，我們可以合理地採用一個比較折衷的觀點，即《太平經》早在東漢已是一百七十卷是不太可能的，必須要將後來的補充與改易考慮進去。它也不可能成於一二人之手，而可能是在一個相當長的時段內的集體著作。儘管如此，若謹慎從事，現存《太平經》的部分內容是可以作為東漢的材料加以引用的[42]。

　　至於所謂的《太平經鈔》可以說幾句。一般說來，《鈔》分成十部，可視它為亦含十部的原作的節本。它可能成書於9世紀末[43]。在此方面，它具有連接現存《太平經》消失的諸環節的價值。另一方面我們也必須了解，在使用時並非整個《太平經鈔》具有同等的可信度；至少其甲部久已受到諸位學者的質疑[44]，近來已證明甲部是東漢以後很久出現的濫入之作[45]。

　　最後還必須提到的是《老子想爾注》，這是敦煌發現的最重要材料之一。儘管此書自唐代起即已失傳，但據兩項新近的研究，我

40　福井康順，《道教の基礎的研究》（東京，1952），頁214-255。

41　應當指出，《太平經》敦煌殘卷(S.4226號)可確定成於西元6世紀末，這對於這個問題的討論帶來希望，但其意義與價值還有待作進一步的考察（見吉岡義豐，〈敦煌本太平經について〉，《東洋文化研究所紀要》，第22冊，1961年1月，頁1-103）。

42　王明，《太平經合校》前言，頁2。

43　王明，《太平經合校》前言，頁11-15。

44　例如大淵忍爾，〈太平經の來歷について〉，頁120；另參見福井康順前引書，頁217，註1。

45　王明，〈論太平經鈔甲部之偽〉，《中研院史語所集刊》第18本（1948），頁375-384。

們知道它是西元2世紀末3世紀初流行的道教著作[46]。更有趣的事實是，《老子想爾注》不僅與《太平經》有關，而且還是五斗米道在川陝地區傳教的最基本讀本。《老子想爾注》在許多地方與《太平經》的思想相同；因此，如果前者能被鑑定為真，它亦會幫助我們在確定後者的年代上更有把握。

這裡稍及這兩本書與當時起義的關係也許是合適的。眾所周知，西元184年爆發了兩起大規模的民間造反，並最終動搖了東漢帝國的基礎。一個是在東邊，以張角領導的黃巾軍或太平道聞名；另一個是在西邊，以張修繼而張魯領導的五斗米道聞名[47]。兩起造反都與民間道教相關，而彼此是否一樣或有所不同仍是一個頗有爭議的問題[48]。在我看來，解決這個問題的一個方法，也許是對《太平經》和《老子想爾注》作比較研究。或可作這樣的推測，即它們同屬道教的兩種版本而各自為兩個群體使用。因為據《後漢書》，

---

46 饒宗頤，《敦煌六朝寫本張道陵著老子想爾注校箋》(香港，1956)；陳世驤，〈想爾老子道經敦煌殘卷論證〉，《清華學報》新第2期(1957年4月)，頁41-62。

47 關於東漢民間起義的研究已很多，以下是一些較重要的現代研究：楊蓮生(聯陞)，〈漢末黃巾之亂的一個新考察〉，《史地周刊》，第103期，《大公報》，天津，1936年9月18日，頁11；賀昌群，〈黃巾賊與太平道〉，《文史雜誌》，卷2，第3期(1942年3月15日)，頁5-20；李光璧：〈漢代太平道與黃巾大起義〉，收入《中國農民起義論集》(北京，1954)，頁1-14；秋月觀瑛，〈黃巾の亂の宗教性〉，《東洋史研究》，卷15，第1期(1956年7月)，頁43-56；Levy, Howard S., "Yellow Turban Religion and Rebellion at the End of Han," *Journal of the American Oriental Society*, vol. 76, no.4, pp. 214-227; Michaud, Paul, "The Yellow Turbans," *Monumenta Serica*, vol. 17(1958), pp. 47-127.

48 例如 Henri Maspero 簡單地認為張修的群體是西部的「黃巾」(*Le Taoisme*, Paris, 1950, p. 152)，但這個看法最近已受到Michaud的挑戰，"The Yellow Turbans," *Monumenta Serica*, vol. 17, pp. 76-81.

張角大量使用《太平清領書》[49]；而據《典略》，張修在他所在的地區則教老子五千文[50]。在本文中我發現，雖然兩書在論調上無疑都屬於道教，在枝節上它們卻略有不同[51]。

　　儘管我傾向於認為這兩本書基本屬於二三世紀，但在本文中我將非常小心地使用它們來支持文中的觀點。只有不存在嚴重疑問，且符合漢代背景的材料，我才會使用。如果要兩者擇一的話，我寧願犯漏用而非誤用的錯誤。

49　《後漢書》卷60下，頁11a。
50　引自《三國志》（同文書局本），卷8，頁23a。
51　見本書第二章，頁95註125。

第一章
生與不朽[*]

　　孔子嘗曰：「未知生，焉知死？」[1]生與死自孔子時起便屬於
中國人始終關注的問題，並得到各種回答。尤其在漢代，人們以空
前的熱情討論這兩個問題，不僅是出於學者的學術興趣，亦出於普
通民眾生存的需要。

　　然而，正如上引孔子所說，在中國思想史上，對生的問題的關
注似乎遠勝於對死的問題的追問。有時候人們甚至覺得後者更重
要，但這並非由於死本身，而是因為人們最終分析認為，死是生的
延續。一位西方哲人說得好，「因為對人而言，死是萬事了結；所
以對人而言，只要還活著，便有希望」[2]。下文對漢代思想史上生
與不朽觀的個案研究，希望會在一定程度上支持這一概括。

---

* 　編者按，該論文的題目是 *Life and Immortality in the Mind of Han China,* 此
　　處翻譯仍據博士論文的首章題目 Life and Immortality.

1 　英譯據James Legge, Confucian Analects (*The Chinese Classics*, vol.1), p.
　　241. 本文原是我1961年在哈佛大學寫的博士論文的第一章，此處稍有修
　　改和擴充。我希望借此機會感謝楊聯陞教授，原稿是在他的指導下完成
　　的。也感謝史華慈(Benjamin I. Schwartz)教授，他讀了我的稿子並提了
　　有價值的建議和批評。當然，文中可能存在的任何錯誤和缺點，他們沒
　　有責任。

2 　S.Kierkegaard, *The Sickness unto Death* (Walter Lowrie,tr., Anchor Books
　　ed.), p. 144.

一、生的重要性

生的觀念在古代中國人的頭腦中占據獨一無二的位置。「生」字在先秦文獻中廣泛出現，從金文到哲學論著都有，便充分證明了這一點[3]。可以說，中國哲學的大多數學派在奠基階段都以「生」的觀念作爲出發點。我們甚至可以說，這些哲學流派各不相同的原因主要是由於其創始人從不同的角度看待生的問題，相應地得出不同的解釋。

在先秦的主要哲學派別中，儒家特別強調了「生」的觀念的世俗層面；儒家因而教導人們培植世俗的德性，而將福禍與壽夭的問題歸之於天命[4]。另一方面，墨家比其他派別更關注死，因爲唯有他們特別強調鬼神的存在；至於生，墨家的觀點是無法忍受的嚴酷，其說一出便一直被批評爲徹底否認人生的快樂。道家的哲學以生的觀念爲核心而建立；此外，與儒家不同，道家不僅將生想像爲彌漫整個宇宙的「氣」，而且也將它想像爲個體的生命過程。因而老、莊均對人的生死深爲關切，亦討論養生與長壽。因此，從戰國末年到漢代初期，生的觀念沿著兩條主線發展，一條是儒、道將生視爲宇宙的一種創生力量；另一條是道家的概念，強調的是個體生命的重要。下面我們更詳細地探討生的觀念的這兩個方面。

在《老子》中，道家哲學最重要的兩個概念「道」與「德」，

---

3 見傅斯年，〈性命古訓辨證〉，《傅孟眞先生集》（台北，1952），第3冊，頁1-201。

4 關於早期儒家思想中的生死觀的一般性研究，見雪石鑛吉，〈儒教の死生觀と統一の意識〉，《東京支那學報》7(1961年6月)，頁69-79。

被分別描述爲創造與滋養「生」的力量[5]。在《易傳》這本可能成
於漢代初期且融入了道家成分的儒家著作中，生的觀念有兩個基本
涵義，一是天地之大德[6]，二是生生不息的大化過程[7]。下文將說
明，如早期的道教經典所證明的，這樣一種生的觀念，不僅爲東漢
的民間思想所接受，而且在其中亦得到極大的完善。

　　對早期道家所發展出的視生爲個體生命過程的觀點，應進一步
說明其中享樂主義與自然主義的區別[8]。前者以爲，生的意義在於
追求快樂，特別是感官欲望的滿足。例如，因倡導沈迷於感官快樂
說而受到荀子批評的它囂與魏牟，或可視爲享樂論者[9]。享樂主義

5　《老子》(四部備要本)51.9b10a。J. J. L. Duyvendak, *Tao Te Ching*
　　(London, 1954), p.113.

6　Legge, *The Yi King* (*The Sacred Books of the East* XVI), p. 381. 現代關於
　　《易傳》時代的討論，見《古史辨》第三册所收的顧頡剛論文(頁37-
　　70)、李鏡池論文(頁95-132)；郭沫若，《周易之製作時代》，收入
　　《青銅時代》(重印本，北京，1954)，頁66-94。

7　Legge, *The Yi King*, p. 356.

8　關於早期道家觀念發展的兩條線索，見津田左右吉，《道家の思想と其
　　の展開》(以下簡稱「道家の思想」)(東京，1939)，頁313-332；許地
　　山：《道教史》(上海，1934)，頁114-119；Arthur Waley, *The Way and
　　Its Power* (Evergreen Book ed.), pp. 39-50.

9　王先謙，《荀子集解》(萬有文庫本)，第二册，頁13；Fung Yu-lan(馮
　　友蘭), *History of Chinese Philosophy* (tr. by Derk Bodde, Princeton, 1952)
　　I , p.140. 楊朱被認爲是中國歷史上享樂主義的代表，但由於他的享樂
　　主義主要出現在《列子‧楊朱》中，而現代學者們認爲《列子》是魏
　　(220-260)或晉(265-420)時的僞作，所以我在古代享樂主義者中沒提到
　　他。馮友蘭成功地說明，《列子》中的享樂主義與楊朱自己的理論有很
　　大的不同，儘管只是殘缺片段，但我們仍可以在各種先秦的哲學著作中
　　看到楊朱的理論(Fung, I , pp. 133-143)。關於《列子》的爭論，見張心
　　徵《僞書通考》(長沙，1939年)，II，頁699-712。關於《列子》爲僞
　　書的重要爭論，不論全文還是片段，幾乎都已收集在楊伯峻《列子集
　　釋》(上海，1958)附錄三，頁185-245。近期的完整研究，見A. C.
　　Graham, "The Date and Composition of Liehtzyy," *Asia Major*, 8.2 (1961),

通常被視爲「全生」論[10]；在道德學家的眼中，這種學說對社會秩序是相當有害的。一位批評者說「全生之說勝，則廉恥不立」[11]。享樂主義者是否走得更遠，將個體生命的重要性置於社會秩序之上，我們不得而知。儘管如此，他們確實更看重享受生命而非延長生命。在他們看來，抑制自由意志和基本欲望將使生活太悲慘，生不如死[12]。

自然主義的生命觀將個體生命當作目的，而不是手段。據此，個體生命比帝王之位更可敬，比世上所有的財富更有價值[13]。它不反對以享樂爲人生的理想，但強調除非長壽否則不能享受人生[14]。因此，長壽是可取的，爲達到這一點，養生則變得是必要的。按照自然主義的觀念，通過養生而長壽，是完全與自然相一致而非矛盾的，因爲據信人的壽命原本是長的；人之所以不能得享天年，是因爲無節制地追求感官享樂的結果。《呂氏春秋》說：「人之性壽，物者抇之，故不得壽。物也者，所以養性也，非所以性養也。」[15]根據高誘的注(約205—212年)，本段中的「物」指的是貨賄，而批評針對的是多數人放縱自己的物欲。因此，養生只不過是要把人生

(續)————————————

　　　pp. 139- 198.
10　「全生」的討論，參見Fung, I, pp.139-140; Waley, *The Way and Its Power*, pp.42-43; Joseph Needham, *Science and Civilization in China*, II (Cambridge, 1956), p. 67.
11　《管子‧立政九敗解》(國學基本叢書簡編本)，第一冊，頁15。
12　許維通，《呂氏春秋集釋》(北京，1955)，第二冊，頁7a-8a；英譯見Fung Yu-lan, I, p.139.另參《列子集釋》，卷7，頁145-146。
13　《呂氏春秋集釋》，第一冊，頁11a (Fung, I, p.137)；《淮南子》(浙江書局本，1879)，卷7，頁13b。
14　《呂氏春秋集釋》，第二冊，頁10a。
15　同上，第一冊，頁7a。傅斯年認爲，人的「性」在這一段裡應該理解爲「生」(傅斯年，頁67)。

拉回自然的軌道而已[16]。

　　依據生的觀念的一般歷史背景，我們現在可以來考察漢代民間思想中該觀念是如何表現的。下文將要討論的，更多的是個體生命的方面。在這一部分中，我們將考察作爲一種宇宙創造力量的生的觀念。

　　首先，生的重要性被普遍強調。約西元2世紀的道教經典《太平經》[17]，遵循儒、道的傳統，視生爲天地之大德。書中天生地養的觀念被反覆強調[18]。而由於道、德分別與天、地相配，故生是道

16　津田左右吉，頁319；Waley, p. 44.

17　除了福井康順《道教的基礎的研究》（東京，1952），頁214-255外，似乎學者們都認爲《太平經》大部分是東漢時期寫成的，或者更確切地說是西元2世紀中葉的作品。見如：湯用彤，〈讀太平經書所見〉，《國學季刊》第1卷(1935)，頁1-32；楊寬，〈論太平經〉，《學術月刊》，1959年9月，頁26-34；大淵忍爾，〈太平經の思想について〉，《東洋學報》，28卷(1941)，頁619-642；小柳司氣太，《東洋思想の研究》（東京，1934），頁440-451。最近對這一問題的全面再考證，見熊德基，〈太平經的作者和思想及其與黃巾和天師道的關係〉，《歷史研究》，1962年第4期，頁8-25。

　　類似《太平經》這樣的書肯定被後人不斷地增添和改寫。例如，學者們一直懷疑，通常被看成是原著概述的《太平經鈔》甲部是後人增添和改寫的(見大淵忍爾，〈太平經の來曆について〉，《東洋學報》27卷[1940]，頁272；另見福井康順，頁217，註1)。現在已確切證實改寫時間比東漢晚得多(見王明，〈論太平經鈔甲部之僞〉，《史語所集刊》第18本[1948]，頁375-384，以及王明，《太平經合校》[北京，1960]，「前言」，頁11-15)。還要指出，《太平經》敦煌寫本殘卷(S.4226)似乎表明，現存本子既有出現甚早的內容，也有至少唐以前的改寫內容(見熊德基，頁8，註2；吉岡義豐，〈敦煌本太平經について〉，《東洋文化研究所紀要》22冊[1961]，頁1-103)。

18　例如見《太平經合校》頁113-220，207-208，392。儒家學者董仲舒及其弟子在漢代想必廣爲宣傳這一觀念。《春秋繁露》中有一處這樣寫道：「天生之，地養之，人成之。」（萬有文庫本，卷6，頁93）。另見William T. de Bary等譯，*Sources of Chinese Tradition*(New York, 1960),

的特性，養是德的特性。因此，依其邏輯，道興則萬物生，德興則
萬物與人民悉養[19]。敦煌發現的成書於西元2世紀後期的道家著作
《老子想爾注》[20]中，依然極大地突出了生的重要性。生的觀念甚
至被提高到與「道」本身等量齊觀的地步，它講道：「生，道之別
體也。」[21]有些地方，注者竟毫不猶豫地將《老子》原文中的
「王」字改成「生」字，以支持這個「生」的新定義[22]。

其次，在民間思想中得到完善的生的觀念的另一側面是生生不
息的觀念。《太平經》講：

> 今天乃貴重傳相生，故四時受天道教，傳相生成，無有
> 窮已也，以興長凡物類。故天者名生稱父，地者名養稱
> 母。[23]

(續)────────────

　　p.178. 要了解董仲舒對漢代儒學的發展，見楊向奎，《西漢經學與政
　　治》（重慶，1945），特別是頁64-78；周輔成，《論董仲舒思想》（上
　　海，1961）。此處將人加入天和地形成三位一體的觀點在漢代儒學中特
　　別典型。參de Bary 等, pp. 222-223. 在《論衡》中，王充對生的目的論給
　　予了批判，尤見劉盼遂，《論衡集解》（北京，1957），頁365-371；英
　　譯見A. Forke, *Lun Heng* (Leipzig, 1907) 1, pp. 92-102.

19　《太平經合校》，頁218-219。

20　有兩本書對這一著作做了重要研究，一本是饒宗頤《老子想爾注校箋》
　　（香港，1956），其中對鈔卷做了校勘與斷句。另一本是陳世驤〈想爾老
　　子道經敦煌殘卷論證〉，《清華學報》，新1卷，第2期(1957年4月)，
　　頁41-62。

21　《老子想爾注》頁35。關於此書生的觀念的重要性的討論，見饒宗頤，
　　《老子想爾注校箋》，頁68註。

22　同上，頁22、35。比較《老子》16.9a, 25.14ab的原文 (Duyvendak, pp.
　　49-50，書中「王」譯成了「偉大」，p. 65)。

23　《太平經合校》，頁658。

書中另一處進一步強調了生生不息的必要性：

> 道乃主生；道絕，萬物不生；萬物不生，則無世類，無可
> 相傳；萬物不相生相傳則敗矣。[24]

　　同樣的觀念在《老子想爾注》中也可以看到，例如它在一處
講：「道重繼祠，種類不絕。」[25]顯然，《太平經》譴責溺殺女
嬰，其理論基礎之一就在於此。《太平經》講：

> 男者乃承天統，女者承地統；今乃斷絕地統，令使不得復
> 相傳生，其後多出絕滅無後世，其罪何重也！此皆當相生
> 傳類，今乃絕地統，滅人類，故天久久絕其世類也。[26]

　　更有趣的還在於，基於同樣的立場，《太平經》甚至否定獨
身：

> 夫貞男乃不施，貞女乃不化也。陰陽不交，乃出絕滅無世
> 類也。二人共斷天地之統，貪小虛偽之名，反無後世，失
> 其實核，此天下之大害也。[27]

24　《太平經合校》，頁701。王明將這段誤點為「道乃主生，道絕萬物，不
　　生萬物，不生則無世類，無可相傳，萬物不相生相傳則敗矣」，只要考
　　慮到道的性質和功能，這樣斷句顯然是自相矛盾的。正確的斷句是：
　　「道乃主生；道絕，萬物不生；萬物不生，則無世類。」
25　《想爾注》，頁10。
26　《太平經合校》，頁36。
27　《太平經合校》，頁37；也比較頁221。

如此強調生的重要性，對於我們理解《太平經》的許多觀念非常有益，這點在下文會變得越來越清楚。這或許說明，將生的觀念作為研究早期道教觀念體系的起點是有道理的。

二、長壽和不朽

對生的普遍重視，最終會自然導向對個體生命的特別關注。在此方面，我們須考察兩個古老的觀念：長壽與不朽。壽的觀念非常古老，始於遠古。「壽」是見於周代金文的最為流行的嘏辭[28]。向祖先，有時也向天祈求長壽是周人的一種普遍風氣[29]。因此，長壽也許可以說是中國人最古老、最普遍的世俗欲望之一[30]。

另一方面，不朽的觀念出現得相當晚。無論是在文獻中，還是在金文中，直到東周早期(西元前8世紀)，仍然看不到任何反映人們永久保存軀體觀念的痕跡。但是，西元前8世紀以後，諸如難老、毋死這樣的嘏辭在金文中隨處可見[31]。這些詞的使用標誌著軀體不朽觀念的產生。

在我們更充分地討論不朽之前，一些重要的問題必須有所澄清。首先，漢語中「不朽」這個概念，包含著一些細微差別，英語

28　徐中舒，〈金文嘏辭釋例〉，《史語所集刊》第4本(1936)，尤其是頁15-18。亦參H. G. Creel, *The Birth of China*(New York, 1937), p. 333；平岡禎吉，〈氣の思想成立について〉，《支那學研究》13(1955年9月)，頁34-35。

29　郭沫若，〈周の中之傳統思想考〉，《金文叢考》(修訂本，北京，1954)，頁8a。

30　H. G. Creel, "What is Taoism?" *Journal of American Oriental Society*, 76(1956), p. 147.

31　徐中舒，頁25。

immortality無法完全表達。那些用來表達不朽的大量一般性詞語，
諸如長生、不死、保身[32]、度世、登遐[33]、成仙等，也許可以作為
單元—觀念(unit-ideas)放在一起[34]。雖然它們全都是表達不朽，但
層次卻有所不同。前三個詞語可能是由傳統的世俗長壽欲望演變而
來，因為在金文及其他文獻，特別是《詩經》中，這種演變仍有跡
可尋。一般說來，西周時期(前1122—前771)，人們只祈求有限的
長壽和得享天年，但到春秋時期(前722—前481)，人們變得更貪
心，開始祈求「難老」和「毋死」[35]。因此，不朽的觀念也許完全
可以被視為世俗的長壽願望強化的結果，而不需要完全從外來影響
的角度加以解釋[36]。

　　但是，後三個詞語顯示了一種不同的，而且起源也可能不同的
不朽觀，它們是求仙式的不朽。關於求仙的起源，現代學者的看法

32　「保身」見同上，頁26。
33　「登遐」或「登霞」，見孫詒讓《墨子閒詁》(萬有文庫本)，頁113和
　　孫詒讓的注。
34　關於unit-ideas這個術語，見Arthur O. Lovejoy, *The Great Chain of Being*
　　(Cambridge, Mass., 1936), pp. 3-6；另參他的*Essay in the History of Ideas*
　　(New York, 1955), pp. 8-10. 對Lovejoy的unit-ideas研究路數的批評，可見
　　Renê Wellek 和 Austin Warren, *Theory of Literature*(Harvest Book ed.), 特
　　別是pp. 99-101.
35　徐中舒，頁24-25。
36　例如，徐中舒堅持認為長生的觀念是東周初期由北部的狄人帶入中國的
　　(頁25-26，頁43)。聞一多認為「不死」意義上的不朽是由西部羌人傳
　　入中國的(見他的〈神仙考〉，《神話與詩》[北京，1956]，尤其是頁
　　154-157)。但兩位作者都沒能提供有力的證據來證明他們的理論。我比
　　較贊同津田左右吉的觀點，他認為從長壽的觀念演變到不死意義上的不
　　朽觀念是一個自然的過程，見他的〈神仙思想に關する二三の考察〉，
　　《滿鮮地理歷史研究報告》，10(1924)，頁235，至今這仍是研究中國
　　人不朽觀念最為全面的一篇文章。

有所不同，但大致可分兩種：一種認爲求仙純屬本土產物[37]，另一種觀點堅持它是在外來觀念的影響下產生的[38]。這裡我們且不關心哪一種說法更好。唯一要強調的一點是如下事實，即戰國末期出現了一種與傳統不朽概念相當不同的新的不朽概念；爲達到新的不朽就要作爲神仙離開此世，而非作爲人永存於世[39]。文獻中所用與「仙」有關的詞語，如「度世」和「遐居」，明確告訴我們要成「仙」就必須離開人世。因此，新的不朽概念性質上基本是強調彼世的。爲了方便，此後我們稱起源於遠古渴望長壽的傳統不朽爲「世間不朽」，後來的仙人不朽爲「彼世不朽」。不用說這兩種不

---

37 例如，津田左右吉主要從傳統渴望長壽和「不死」角度來解釋求仙的發展(見〈神仙思想に關する二三の考察〉，尤其是頁235-237)。許地山持相同觀點(《道教史》，頁139-140)。受顧炎武《天下郡國利病書》(四部叢刊本，卷18，頁36a-b)的啟發，武內義雄進一步發展這一提法，認爲求仙源自齊和燕(山東和河北)一帶沿海地區的人受海市蜃樓的啟發而產生的想像(見他的《神仙說》[東京，1935]，頁5-8)。這一提法爲內田智雄所接受(〈道教史〉，《支那宗教史》，《支那地理歷史大系》XI[東京，1942]，尤其是頁237-238)。大淵忍爾，〈初期の仙說について〉進一步闡述了這一觀點(《東方宗教》1.2，1952年9月)，尤其是頁25。有許多中國歷史學家贊同這一觀點，如呂思勉《先秦史》(上海，1941)，頁463-464；錢穆，《國史大綱》(上海，1947)，上冊，頁254。

38 陳寅恪懷疑是從海路引入的(見他的〈天師道與濱海地域之關係〉，《史語所集刊》第3本第4分[1934]，頁439-440)。要了解新近對陳寅恪觀點的批評，見楊向奎，《中國古代社會與古代思想研究》(上海，1962)上冊，頁477-478。在承認求仙與早期的「不死」概念和沿海地區齊的地理位置均有關係的同時，聞一多提出了一種說法，認爲「仙」的概念來自移居齊地的西部羌人的火葬習俗(見他的《神仙考》，頁153-180)。

39 顧炎武可能是第一個指出「仙」的概念最初出現的時間不會早於東周後期(如戰國)(見他的《日知錄》[1869年版]，卷30，頁28a)的學者。關於這一點大多數學者都認同，所以無須贅述。

朽由於相互影響或者說相互補充，並不總是容易區分。此外，這兩
種不朽到了漢代亦確實匯合成一。然而，總的來說世間不朽與彼世
不朽的區別不但明顯，而且兩者的區別對於追溯不朽概念的發展史
非常有用。

　　就世間不朽而言，我們看到了對長壽的熱切欲望如何逐漸導出
「毋死」觀念。由於君王們熱衷於長壽，戰國末期此觀念流傳甚爲
廣泛。據載早在西元前522年齊景公就表達了渴望長壽的願望：
「古而無死，其樂若何！」[40]這說明了甚至在春秋時期「毋死」概
念就已深深烙在人們的腦子裡了。到了戰國後期，各國諸侯在方士
的蠱惑下，追求世間不朽的熱情更爲高漲。例如據《韓非子》，一
種「不死之藥」曾經被獻給楚王[41]，有一個門客曾教燕王如何修煉
「不死之道」[42]。司馬遷證實，從齊威王(前358—前320)、齊宣王
(前319—前301)以及燕昭王(前311—前279)時起[43]，就派人入海求
仙和尋找「不死之藥」，所有的諸侯都渴望這些東西[44]。諸侯們尋
求「不死之藥」的活動後來在秦始皇和漢武帝的努力下達到了頂
點，對此下文將要論及。

　　「不死」觀念在當時非常流行，以至濫用於許多事物的命名；
例如「不死人」[45]、「不死國」[46]、「不死山」[47]、「不死樹」[48]，

40　《左傳》昭公二十年；Legge, *The Chinese Classics*, V, p. 684.
41　王先愼，《韓非子集解》(萬有文庫本)，〈說林上〉，第二冊，頁48；
　　也參《戰國策·楚策四》(萬有文庫本)，第二冊，頁38。
42　《韓非子集解》，第三冊，〈外儲〉，頁22。
43　這些王的年份，我依據的是錢穆的年代表《先秦諸子繫年》(修訂版，
　　香港，1956)下冊，頁548-566。
44　《史記》(中華圖書館本)卷28，頁6a；Burton Watson, *Records of the
　　Grand Historian of China* (New York，1961)，II, p. 26.
45　《山海經》(四部叢刊本)，下冊，頁37b；《淮南子》，卷4，頁11b。

以及「不死水」[49]。

　　然而有趣的是，秦始皇以前，「不死」觀念與「仙」只有間接的關係；諸侯們尋求的不朽只局限於渴望人世間長壽意義上的不朽。沒有證據顯示在秦始皇以前有任何諸侯曾經尋求過「仙」意義上的不朽，上文所引《史記》中的材料涵義也相當含混。諸侯們要的或許只是「不死之藥」，而「不死之藥」只有海上三神山的神仙才有。先秦的諸侯們未必像後來秦始皇和漢武帝那樣渴望自己成仙。

　　儘管現代學者一致認爲彼世之仙出現在西元前4世紀末葉，但我們不知道首次出現的確切時間[50]。在先秦和漢代初期文獻裡，能很清楚地看到關於仙的彼世性的描寫。最早的描寫見於《莊子》，其第一篇中寫道：

> 藐姑射之山，有神人居焉，肌若冰雪，綽約若處子。不食
> 五穀，吸風飲露，乘雲氣，御飛龍，而遊乎四海之外。[51]

(續)────────────

46　《山海經》，下冊，頁69a。還有其他用語，如「不死鄉」(見戴震《屈原賦注》中「遠遊」[上海，1933]，頁52；《呂氏春秋集釋》，卷22，頁13)，「不死之野」(《淮南子》，卷5，頁23a)。

47　《山海經》，下冊，頁84b。

48　《山海經》，下冊，頁54a。根據《淮南子》，卷4，頁7b，還有一種「不死草」。

49　《淮南子》，卷4，頁3b。

50　見許地山《道教史》，頁140； H. Welch, *The Parting of the Way* (Boston，1957), p. 89. Creel在"What is Taoism?" (p.145)認爲「求仙」興起於西元前300年前後。

51　《莊子》，馮友蘭譯(上海，1933)，頁36-37。參Legge, *The Texts of Taoism*(The Sacred Books of the East XXXIX), pp.170-171, 以及津田左右吉〈神仙思想に關する二三の考察〉中關於此段的討論，頁248-250。

〈遠遊〉——傳統認為是屈原所撰，但現代學者認為是漢代早期的作品[52]——是描寫「仙」最惟妙惟肖的作品之一[53]，它完全從彼世的角度來描寫仙。整首詩貫穿仙人飛越空間的主題[54]。大概就在這首詩裡，我們首次看到了「度世」一詞與「仙」聯繫起來。

赤松子和王喬從長壽之人變成神仙是仙的彼世性的一個具體說明。先秦時期人們認為他們均為長壽之人，例如《戰國策》曾提到「喬松之壽」，但沒說他們是仙[55]。可是在〈遠遊〉中赤松子和王喬都被描繪為轉世仙，悠然漫遊空中。早在西元前2世紀，西漢大臣張良表達致仕願望時，說他願棄人間事，欲從赤松子遊[56]，這再一次說明了作為「仙」的赤松子與人間沒有瓜葛。在《淮南子》中，王喬和赤松子都被刻畫成脫離了塵世並擺脫了人間煩擾[57]。宣帝時(前73—前49)，王褒在〈聖主得賢臣頌〉中批評了那些追步王喬和赤松子等仙人而絕世離俗的人[58]。因此，王喬和赤松二仙的事例明確表明「仙」的特點可概括為彼世的、離群索居的。

陸賈的《新語》對西漢初期求仙的實質有一段精彩的描寫：

52　見《屈原賦注》卷5，頁40-54。關於「遠遊」是漢代初期詩的討論，見 James R. Hightower, "Chu Yuan Studies," *Silver Jubilee Volume of the Zinbun-Kagaku-Kenkyu-syo*（Kyoto: Kyoto University, 1954）, pp. 196-200；David Hawkes, *Ch'u Tz'u, The Songs of the South*,（Oxford, 1959）, p. 81. 亦參津田左右吉，〈神仙思想に關する二三の考察〉，頁220-222。

53　聞一多，頁161。

54　參Hightower, p. 199; Hawkes, p. 81; 聞一多，頁161-162。

55　《戰國策·秦策三》，第一冊，頁48。

56　《史記》，卷55，頁6b。

57　《淮南子》，卷20，頁9a。

58　《全漢文》（嚴可均，《全上古秦漢三國晉南北朝文》，北京影印本，1958），卷42，頁10b。

> 乃苦身勞形，入深山，求神仙，棄二親，捐骨肉，絕五
> 穀，廢《詩》、《書》，背天地之寶，求不死之道，非所
> 以通世防非者也。[59]

陸賈所持的觀點似乎是，只有世間的、儒家的道才是真正的道，而
求仙者所追隨的彼世之道不是人的正道。這段話中有兩點較有意
思，值得注意。首先，如這裡所描述的，在西漢早期求仙是徹底彼
世的，只有割斷了所有世俗關係的人才有望成仙。如我們將要看到
的，這種求仙與東漢的求仙大不相同。其次，彼世之仙與「不死之
道」是一碼事，後者是古代世間長壽欲望的產物，對此前面分析已
有揭示。這裡我們已看到世間不朽和彼世不朽兩流的匯合，這一歷
史潮流在秦始皇求仙的過程中——如不是源於此的話——變得清晰
可辨，下面我們就來探討這一問題。

三、求仙的世間轉化

如前所論，先秦時期各國諸侯們尋求不死藥以延年益壽蔚為風
氣。西元前221年秦始皇統一中國後，皇家求不死藥的活動更加頻
繁、規模更大，這可能是，至少部分是因為此時方士只服務於皇帝
一人而非各國諸侯。西元前219年，統一後僅兩年，齊地瀕海地區
的方士聚集到宮廷，為皇帝到海上求「不死藥」[60]。據司馬遷記

59　陸賈，《新語》(四部叢刊本)，卷2，頁11a。此書沒有像其他漢代著作
　　那樣得到詳細研究；概括的討論，見胡適〈述陸賈的思想〉，《張菊生
　　先生七十生日紀念論文集》(上海，1937)，頁83-94。
60　《史記》，卷6，頁9a-b。

載，秦始皇統一大業完成後，許多相信仙的人向他進言「仙」和「不死之藥」[61]。西元前1世紀的一則資料顯示，秦始皇才派人入海求「仙」和「藥」，燕、齊之人就爭先恐後地大談特談仙。數以千計的方士湧到京城咸陽，聲稱服了由黃金和珍珠煉成的仙藥就能活到天長地久[62]。

　　求仙的流行導致了世俗化；因此，彼世的和離群索居的仙逐漸經歷了世俗化的轉變。在秦始皇那裡我們首次看到世間不朽與彼世不朽的矛盾。既然「不死」就是「仙」，那麼要想「不死」就要變成「仙」。這一事實解釋了為什麼秦始皇寧願自稱「真人」（仙的別名），而不願用皇帝自稱時更為尊崇的「朕」[63]。

　　儘管皇帝努力使自己成仙，但世間不朽與彼世不朽的鴻溝並非能輕易逾越。其實皇帝真正追求的是長壽或不死；顯然，令皇帝對求仙感興趣的，是因為「仙」知道達到其目的的最佳途徑。像秦始皇這樣的俗人是不會對諸如上引文獻裡所描寫的彼世之仙的生活感興趣的。就我們所掌握的零散資料，顯然必須從渴望傳統的世間長壽或「不死」的角度去理解秦始皇的求仙。

　　秦始皇對待死亡的態度最能反映出他真實的立場。在接近人生終點時，他對死非常憎惡，沒有人敢當面提「死」字[64]。這一事實表明，促使秦始皇對求仙感興趣的是人世間的考慮，無論他的求仙動機與仙的觀念可能會多麼不相容。一位方士認為，沒能取到不死藥是因為皇帝統治帝國未能保持平靜的心境，而平靜的心境是成仙

61　《史記》，卷28，頁6a；Watson, II, pp. 25-26.

62　《鹽鐵論》（國學基本叢書簡編版），頁59。Esson M. Gale的*Discourses on Salt and Iron*中沒有翻譯這一段(Leiden, 1931)。

63　《史記》，卷6，頁12b。

64　同上，頁15a。

的必要條件。因而這位方士建議皇帝應該過孤獨而隱居的生活,行蹤保密。秦始皇遵從了這一建議。貪戀權力使得皇帝與不死藥無緣,這是許多方士藉口離開宮廷的原因之一[65]。找不到他們承諾過的不死藥而歸咎於皇帝的世間生活,這是方便的理由;然而我們在此仍能看出世間不朽和彼世不朽的區別,甚至連聰明的方士都很難調和兩者。

皇帝求仙熱情的升溫促進了仙作為一種信仰與一種觀念的普及和轉化。到了漢武帝時,這種信仰的迅速發展成為一種令人矚目的現象,以至於讓時人感到震驚和好笑。司馬遷不止一次地告訴我們,自從武帝開始涉及求仙,並給一些方士封官賞賜後,燕、齊方士爭先恐後地放言自己擁有不死秘方,能與仙交通[66]。西元前1世紀後期,谷永簡要地概括了這兩位統治者以及方士們所做的努力:

> 秦始皇初並天下,甘心於神仙之道,遣徐福、韓終之屬,多齎童男童女入海求神采藥,因逃不還,天下怨恨。漢興,新垣平、齊人少翁、公孫卿、欒大[67]等,皆以仙人、黃冶、祭祠、事鬼使物、入海求仙采藥貴幸,賞賜累千金。大尤尊盛,至妻公主,爵位重絫,震動海內。元鼎、元封之際,燕、齊之間,方士瞋目扼揤,言有神仙祭祀致福之術者以萬數。[68]

---

65 《史記》,卷6,頁12b-13a。
66 《史記》,卷28,頁13b; Watson, II, pp. 47-48.亦參《史記》,卷12,頁5b,9a。
67 欲詳細了解方士,見《史記》卷28;Watson, II, pp.13-69.
68 《漢書》(商務印書館,1927),卷25下,頁7a;《全漢文》,卷46,頁7a-b。

此外，根據匡衡和張譚給成帝的聯名上疏，西元前31年全國共
建造了683座神祠供求神仙，並由方士掌管[69]。這一事實和上引穀
永之語充分說明了秦始皇時期，尤其是漢武帝時期，求仙的普及程
度。

漢武帝時期這種空前的、付諸行動的求仙熱情至少從兩個方面
可以看得出來。首先，根據傳說，神仙居住在兩個神秘之處：一個
在海之東極；另一個在極西的崑崙山巔，那裡是傳說中著名的西王
母的住所[70]。但在漢武帝以前，如齊王和燕王以及秦始皇等帝王爲
了求仙，遣專人越海東渡希望能與仙交通。可能是限於當時的地理
知識，似乎無人試圖西去崑崙山求仙。漢武帝早年求仙也只主要集
中在海上；但是，西元前2世紀下半葉，隨著張騫通西域，西方開
始日益受到皇帝和神仙道士的重視[71]。海上找不到不死藥點燃了皇
帝對別處的想像，並強化了他從西王母處獲得藥的期望。據《漢

69　《漢書》，卷25下，頁6a。根據錢穆，秦始皇和漢武帝時期，獲得不朽
　　的最方便最重要的方法是祭祀神仙，藥或其他法術不如祈禱。見錢穆，
　　〈周官著作時代考〉，《兩漢經學今古文平議》（香港，1958），頁
　　433。湯用彤，《漢魏兩晉南北朝佛教史》（北京重印本，1955；以下簡
　　稱《佛教史》），上冊，頁52-53亦接受此說。

70　關於西王母和崑崙山，見久米邦武〈崑崙西王母考〉，《史學雜誌》，
　　4(1893)，頁197-214，288-302；野村岳陽，〈文獻上より見たる崑崙
　　思想の發達〉，《史學雜誌》，29(1918年)，頁458-494，583-601；中
　　山平次郎，〈支那古鐘銘の西王母に就て〉，《考古學雜誌》
　　11(1921)，頁324-332。最近在《崑崙文化與不死觀念》（台北，1962）
　　中，杜而未有所啓發但相當片面地引用他國遠古文化中類似的故事，試
　　圖把崑崙山的神仙與月亮神話聯繫起來。蘇雪林在《崑崙之迷》（台
　　北，1956)中提出了另一新的解釋，說這座神仙住的山的名字顯然是來
　　自遠古巴比倫神話中Khursag Kurkura山。因爲我沒能查閱這本書，所以
　　只能依據杜而未給出的片段(頁50)。

71　白鳥庫吉，《西域史研究》（東京，1944)Ⅱ，頁328-331。

書》文穎注，漢武帝竟然說他想登上崑崙山做神仙[72]。因此，在漢代，隨著地理知識的增長，帝王們求仙的地理範圍比以前任何時候都要廣。

其次，儘管以前求仙的諸侯極為關注延年益壽的方法，他們還是有足夠的理性不讓其個人的願望嚴重干擾國家的公共事務。但漢武帝時的情況有些不同，他在求仙中有時更進一步允許這種個人的追求影響帝國的對外關係。武帝通西域不僅是因為軍事與外交上的考慮，而且也由其個人渴望外國方物所推動，如著名的大宛「天馬」，這一事實幾乎為所有研究這段歷史的史家所注意[73]。廣為傳播的崑崙山西王母信仰可能也多少強化了漢武帝向西拓展的興趣，則進一步提示了這一點。張騫在其中亞之行中或許被皇帝委以打聽西王母確切下落的附帶使命[74]。甚至在漢武帝對外國稀有方物的好奇背後可以再次發現熱切渴望求仙在起作用，大宛的「天馬」就是恰當的例子。如一項極具啟發性的研究所巧妙顯示的，漢武帝征大宛在很大程度上是因其癡迷求仙而促成的；他對「天馬」的過分喜愛，似乎不能完全用獲得軍用良馬的實際考慮來解釋，更不能簡單地視為對那種馬的特別迷戀。相反，更深層的一個原因是因為漢武帝堅定地相信「天馬」是溝通人世與仙界的媒介。漢武帝對東海求仙的失敗多少感到失望，但還沒有從神仙道徒的巧妙騙術中解脫出

72　《漢書》卷22，頁10b；亦參張維華，〈漢武帝伐大宛與方士思想〉，《中國文化研究彙刊》3(1943)，尤其是頁6-7。

73　見呂思勉，《秦漢史》，上冊，頁120；錢穆，《秦漢史》，頁133；伊瀨仙太郎，《西域經營史の研究》(東京，1955)，頁81；羽溪了諦，《西域之佛教》(賀昌群中譯本，上海，1956)，頁33。

74　伊瀨仙太郎，《西域經營史の研究》，頁82；白鳥庫吉，《西域史研究》，II，頁330。

來，他現在相信大宛的「天馬」屬於龍種，最終將載他與崑崙山的西王母相會。如下文將看到的，這簡直就是黃帝乘龍升天稍加變通的說法；或許就是這種信念使漢武帝決定求「天馬」，甚至以侵略戰爭爲代價[75]。

不朽觀念的進一步向世間轉化需要更多的說明。一般說來，在漢武帝求仙的幾乎所有努力中，總是能分辨出他的世俗的長壽願望，由這一事實可以看出這種轉化。在著名的方士李少君的例子中，我們非常清楚地看到，漢武帝對長壽不死要比離世成仙更爲關注。李少君贏得漢武帝的極大信任很可能主要是因爲在各種法術中，李少君尤以擅長「卻老」術而聞名。的確，李少君也保證漢武帝將去見海上三神山之一的蓬萊山上的仙，但這並不意味著，漢武帝便能因此而成爲蓬萊山上的仙。相反，它反映了這樣的信念——與仙相見將帶來「不死」的後果，並由此說明漢武帝爲何醉心於求仙[76]。

漢武帝求長壽的世俗願望還可以他恢復南越(今廣東、廣西和越南的一部分)的鬼神祭祀爲例來加以說明。西元前111年平服南越以後，漢武帝被告知，以前當地有位國王祭祀鬼神，所以活了160歲，但後來由於大家沒有追隨國王的先例，故人口衰耗。聽了這個故事，漢武帝令南越的巫師們祭祀天神和百鬼[77]。由於這種祭祀與

75　張維華，〈漢武帝伐大宛與方士思想〉，頁1-12。類似的觀點見於Arthur Waley, "The Heavenly Horses of Ferghana: A New View," *History Today* 5.2 (February, 1955). pp. 95-103. 亦見余嘉錫的《余嘉錫論學雜著》(北京，1963)，上冊，頁175-180中對傳統解釋的捍衛。

76　《史記》，卷28，頁11a；Watson, II, p. 39;《漢書》，卷25上，頁8b-9a。

77　《史記》，卷28，頁17b；Watson, II, p. 63. Watson將「故衰耗」理解爲「越的力量衰落」，但我認爲「人口削弱和耗盡」更適合上下文意。

求仙沒有淵源關係，漢武帝在恢復以前南越長壽國王的傳統做法上顯然是受長壽的世俗願望的驅策。爲了說明這個問題，我們可以再舉一例。在一名叫公孫卿的方士的建議下，漢武帝下令在帝都長安以及離長安二百里的甘泉各作一觀，用於迎接和供奉神人；後者被命名爲「益延壽」，可譯爲「長壽」78。這種名稱似乎很足以說明皇帝急於見仙是爲了長壽的眞正意圖。

最後，漢武帝長壽或「不死」的世俗願望還可以在著名的封禪祭祀中得到反映。確實，封禪祭祀問題太複雜，不能在這裡作廣泛

（續）————————————————————————

《漢書》，卷25下，頁1a。

78　益延壽觀的問題需要一些解釋。據《史記》卷28，頁17b，只有一殿稱作益延壽觀，建在甘泉。《漢書》，卷25下，頁1a稱其名爲益壽延壽館，唐代的注家顏師古將兩個名稱解釋爲兩個單獨的館。顏師古的解釋被廣爲接受（見Watson的"Long Life and Increased Life Towers"II, p. 63），但是此說早在宋代就受到黃伯思的質疑，根據該館所在地出土的帶有「益延壽」的漢代瓦當，他令人信服地證明顏師古將之作爲兩座宮殿是錯誤的，《史記》中出現的名稱是正確的（見《東觀餘論》[邵武徐氏叢書本]，1，頁43b-44a）。最近帶有「益延壽」字樣或用於修建該觀的更多的漢代瓦當與更大的漢磚重見天日（見陳直《漢書新證》，天津，1959，頁119）。因此，考古證據傾向於支持黃說而非顏說。
漢武帝益延壽觀的建設對於塑造後代宮廷生活的模式有巨大的影響，在這裡補充此點或非失當。例如，唐代著名的長生殿或長生院，可譯作"Longevity Hall"，建於長安與洛陽的許多宮殿中。我同意周一良（"Tantrism in China," *Harvard Journal of Asiatic Studies* 8[1945]，pp. 310-311）與陳寅恪（《元白詩箋證稿》[北京，1955]，頁37-40）的看法，唐代帶有該名稱的宮殿主要用於宗教目的而非生活起居。證據趨向於表明多數情況下唐代皇帝（包括武后）只在長生殿祭祀道教神祇，該殿被唐代作家描繪爲神（或更準確地說仙）降居之地（周一良，頁311）。因而，亦步亦趨地模仿漢代的先例，唐代的長生殿一定與皇家祈求不死或長壽聯繫在一起，似乎是順理成章的。但是，周一良與陳寅恪均沒有援引這一明顯的歷史先例來加強其論點。
關於漢代長壽詞彙在人名與地名上的使用的更爲詳細的討論，讀者可參考本章附錄。

討論[79]。粗略地講，秦漢時期對封禪曾同時存在著兩種不同的解
釋。一種是儒生堅持的出於政治角度的解釋，另一種是方士堅持的
可稱之為準宗教的解釋。根據前者，在泰山及其附近稱作梁父的山
丘上分別舉行封禪，作用是新王朝受命於天而告成天下[80]。根據後
者，舉行封禪則是為了皇帝長壽（「不死」）[81]。但是，正如多數現
代學者所贊同的那樣，秦始皇與漢武帝，尤其是漢武帝所舉行的封
禪祭祀，主要意圖是保證長壽或卻死。的確，《史記‧封禪書》沒
有明白地講秦始皇舉行封禪是為了求仙；但從他不讓儒生安排祭祀
活動的事實看[82]，他可能用方士為參謀。此外，臭名昭著的宦官首
領趙高所偽造的秦始皇遺詔首句稱：「朕巡天下，禱祠名山諸神以
延壽命。」[83]儘管這是篇偽作，但就秦始皇的意圖而言，該句仍可
能包含了一些真實情況，否則它就難以達到偽造的目的。不用說，
泰山一定包括在「名山」之列。如此理解，則驅使秦始皇舉行封禪
的，似乎也無疑是他求長壽的世俗欲望[84]。

　　與秦始皇一樣，漢武帝在封禪的安排上也沒有利用儒生[85]；但
在漢武帝的封禪祭祀中，方士的影響更為強烈，而且漢武帝求長壽

79　關於封禪的全面綜合性研究，見福永光司，〈封禪說の形成〉，《東方
宗教》第1卷，第6期，（1954年11月），頁28-57；第1卷，第7期（1955年
2月），頁45-63。

80　關於儒家的政治解釋，見陳立《白虎通疏證》（淮南書局本，1875）卷
六，頁16a-19a；英譯見Tjan Tjoe Som, *Po Hu T'ung, The Comprehensive
Discussions in the White Tiger Hall*(Leiden, 1949-1952), I, pp. 239-241.

81　《史記》，卷28，頁11a; Watson, II, p. 56.

82　《史記》，卷28，頁5a; Watson, II, pp. 23-24.

83　《史記》，卷87，頁5b。

84　比較栗原朋信《秦漢史の研究》（東京，1960），頁35-37。

85　《史記》，卷28，頁15a; Watson, II, p. 52.

或不死的世俗欲望也變得更為熱切[86]。在我看來，漢武帝與秦始皇
封禪的不同之處在於[87]，祭祀時前者不僅渴望世間的長壽，而且也
極為矛盾地渴望升天成仙，據信這是黃帝曾經做過的。據說漢武
帝說過，如果他能跟隨黃帝升天成仙，他會毫不猶豫地拋棄妻妾
子女[88]。乍一看，我們一直試圖加以區別的彼世不朽與世間不朽，
在漢武帝的事例裡似乎沒有多大意義；但是更切近地觀察，可以發
現漢武帝時，顯然由於方士的巧妙編造，仙的觀念已經開始帶有一
種或多或少的世間特點。在秦始皇那裡，我們看到兩種不朽的衝
突，這種衝突必定深為方士所察覺。對方士而言，只有兩種方法能
夠避免衝突：放棄求仙，然而這已成為其職業；或將傳統的彼世之
仙轉變成世間之仙，從而符合世俗統治者的世俗欲望。自然，方士
選擇了後者。

　　武帝時最知名的作家司馬相如的一段話可能最充分地說明了仙
的世間轉化：「列仙之傳居山澤間，形容甚臞，此非帝王之仙意
也。」[89]即便是這樣簡單的話，也顯示了兩個相關的事實：傳統認
為仙是隱居的和彼世的，而世俗帝王對這一類仙沒有興趣。要弄清
武帝對何種仙感興趣，引導我們重新考察聖王黃帝的傳說，方士用
黃帝編造了帝王轉變成仙的原型讓武帝追隨。

　　在先秦文獻中，黃帝並不像其他聖王如堯、舜、禹那樣占有凸
出的地位。最早提到他的是西元前375年齊國的一篇金文，在文中
黃帝被稱為齊王的高祖[90]。金文中黃帝顯然被認為是一個凡人，而

86　參福永光司前引書，特別是頁38-39。
87　兩種封禪儀式的區別的討論見栗原朋信，《秦漢史の研究》，頁29-37。
88　《史記》，卷28，頁16a; Watson, II, p. 57.
89　《史記》，卷117，頁18a。
90　見徐中舒，〈陳侯四器考釋〉，《史語所集刊》第3本第4分(1934)，特

且無論如何與求仙無關。我們有充分理由相信司馬遷，他講黃帝
不見於正統儒家的經典而見於百家的著作，而且他們的表述頗不
精確[91]。

　　司馬相如的說法也表明了仙的轉化何時發生。在〈五帝本紀〉
中，司馬遷只是將黃帝列為第一帝；只有在〈封禪書〉中，與封禪
相關時，黃帝才以仙的面貌出現，這說明這種變化出現得相當晚。
在先秦的哲學家中，齊國的鄒衍(前305—前240)如果不是最早的，
可能也是最早者之一，提到黃帝而與五德終始說相關聯[92]，這顯示
黃帝傳說尤其與齊國有關，而方士出於齊國[93]。另一方面，「不
死」與仙的觀念似乎也起源於齊[94]，正是在那裡我們首次見到黃老
道的繁榮。在西元前三、四世紀，齊國著名的稷下學者中許多是黃
老道家[95]。自戰國末期至西漢初期，可以發現幾乎所有的黃老學者
或是齊地人或與齊國有聯繫[96]。因此有理由設想，黃老道在戰國將
近結束時起源於齊[97]。這一事實可以解釋，為什麼在東漢時期求仙
採用了黃老道的名稱[98]。

(續)───────────

別是頁499-502；丁山，〈由陳侯因資錞銘論五帝〉，《史語所集刊》
第3本第4分(1934年)，頁517-535。如丁山所證明的，所謂的「陳侯因
資」是齊威王的名字(頁517)。郭沫若斷為齊宣王，可能是錯誤的(《十
批判書》修訂本，上海，1950，頁158)。

91　《史記》，卷1，頁16a。
92　見徐中舒，〈陳侯四器考釋〉，頁502；顧頡剛，《秦漢的方士與儒
　　生》(上海，1955年)，頁32。
93　徐中舒，〈陳侯四器考釋〉，頁502；郭沫若，《十批判書》，頁158。
94　聞一多，頁154。
95　《史記》，卷74，頁2b；參郭沫若，《十批判書》，頁160。
96　錢穆，《先秦諸子繫年》，上冊，頁224-226。
97　錢穆，《先秦諸子繫年》，上冊，頁376。
98　在西漢，所謂的黃老道家主要指「無為」的道家政治哲學。只有在東漢
　　黃老道才有了宗教成分，特別是求仙的興趣。關於漢代的黃老道，見秋

黃老道與求仙相互聯繫的程度是難以確定的，但是無疑至西元前2世紀中葉兩者已聯繫起來[99]。例如，西元前二三世紀出名的安期生，最初以黃老道的早期領袖之一而聞名[100]，在漢武帝時期被齊地方士打扮成「仙」[101]。據現代學者的研究，他自己或許就是齊地的方士，同時精於黃老哲學[102]。武帝宮廷中的齊地方士對黃帝由傳說中的聖王轉變爲仙也負有責任[103]。這一觀念或許最早是由李少君提出的，他告訴武帝，黃帝在蓬萊見到神仙並舉行封禪後

(續)————

月觀瑛，〈黃老觀念の系譜〉，《東方學》10(1955年4月)，頁69-81。

99 Creel, "What is Taoism," p. 145.

100 《史記》，卷80，頁4b(太史公曰)。

101 《史記》，卷28，頁11b。關於安期生，亦見錢穆，《先秦諸子繫年》，上冊，頁224-226。

102 聞一多，〈神仙考〉，頁170-172，註12；陳槃，〈戰國秦漢間方士考論〉，《史語所集刊》第17本(1948)，頁26-27。

103 黃帝升仙後很久，或是在後漢初，老子借助方士追隨升仙(比較秋月觀瑛前引書，頁71-73)。在《漢書・藝文志》中，神仙家名下的十部著作中四部以黃帝爲名，但無一與老子相聯(《漢書》，卷30，頁29a；參秋月觀瑛前引書，頁73)。黃帝的名字亦與方士從事的法術與學派聯繫在一起，如道家、陰陽家、五行家、天文曆法、占卜、醫學與房中術(後四種屬於術數方技範疇)。另一方面，老子之名僅見於道家(《漢書》，卷30，頁11a)。這一事實表明，西漢時期老子仍被認爲是道家哲人，而黃帝已成爲所有方士的共同祖先。清代學者方東樹(1772-1851年)提出的漢代黃帝與老子間的區分是有用的。據其說，儘管漢代時常兩者並提，但老子爲談道與德者所使用，而談靈奇與怪異者則用黃帝(《漢學商兌》[槐廬叢書本]，卷一，頁4a)。
漢代「方士」一詞寬泛地用來稱呼那些修習上面提到的所有——更常見的是幾種——法術者。在此寬泛的意義上該詞與術士、方術士、道士、道人之類的詞可以互換。見陳槃前引文，頁7-33；亦比較津田左右吉，〈神仙思想〉，頁263-265。關於方術與道術兩詞，見酒井忠夫，〈方術の道術〉，《東洋史學論集》1(1953)，頁49-59。因此，方士作爲一泛稱可以譯爲"religious Taoists"或"popular Taoists"，因爲所有這樣的法術後來均融入道教中。只有在依據語境的特殊情況下，該詞才應譯爲"magicians"、"alchemists"或"immortalists"。

獲得「不死」[104]。公孫卿與其他方士進一步加以完善，使黃帝實
際變成了「神仙」並攀龍背升天。更加顯示不朽觀念的世間特點的
是，據說他的整個隨從，連同七十多個妻妾也與他一道升天[105]。
這種群居且追求世俗快樂的神仙是與傳統的離群索居、禁欲的神仙
截然對立，它或許解釋了為什麼司馬相如堅持傳統的離群索居的神
仙根本不能引起帝王的興趣。以黃帝的方式升天實際上是將世間的
帝王生活移植到另一個世界，到一個人間的欲望或許不是熄滅而是
得到更好滿足的世界[106]。

　　發明黃帝及其隨從升天的故事是方士轉變神仙觀念以適應求仙
者世間口味所採取的第一步。隨著時間的推移，同樣的主題得到進
一步的完善。此外，其應用也不再局限於帝王，而是擴展到貴族與
平民。下面兩例足以為證。第一個是漢代以來廣為人知的《淮南
子》的作者淮南王劉安(卒於西元前122年)的事例。他熱衷扶持方
士與學者，在計劃煽動起兵反對漢武帝失敗後被迫自殺[107]。但
是，他死後產生一個傳說，稱他只是升天為仙而未真死。比起黃帝
來，這個故事充滿了更多的世俗味道，因為服了不死藥，不僅其全

---

104 《史記》，卷12，頁2a；卷28，頁11a；《漢書》，卷25上，頁9a。

105 《史記》，卷12，頁7a，卷28，頁14b-15a(Chavannes, Memorires, III, p.
488)；《漢書》，卷25上，頁12b。現代學者贊成黃帝升天的傳說產生
於漢武帝時期，而非更早(例見大淵忍爾，〈初期の仙說について〉，
頁32-36)。《莊子》內篇中的一段提到黃帝得道並因此升天(Fung Yu-
lan, *Chuang Tzu*, p. 118; *Legge, The Texts of Taoism* [The Sacred Books of
the East XXXIX], p. 244)，但是這個可疑的段落或許是後來竄入的(見錢
穆，《莊子纂箋》第三版，香港，1957，頁52)。

106 如此考慮，有理由認為道教有關仙人居住的天國觀念是世間欲望推展到
極致的結果，因而是人間的延伸。見聞一多，頁162-163；村上嘉實，
《中國の仙人》(京都，1956)，頁76。

107 見《史記》，卷118，頁3b-9a的本傳。

家，甚至其雞犬據說亦隨他升天[108]。一名東漢學者將此故事解釋
爲方士使用的權宜之計以掩蓋劉安死的實際原因[109]。這很可能是
事實，但是從方士首先向漢武帝提出觀念原型這個事實來看，我們
能夠猜想全家升天的傳言可能已經由方士傳授給了劉安以誘使他求
仙。因爲統治階層裡的求仙者均爲世間考慮所驅使，這是一個極有
誘惑力的傳言並正中其下懷。沒有理由懷疑像漢武帝與劉安之類人
在求仙上的誠心，但他們爲什麼會以所有世俗快樂爲代價而對成爲
傳統意義上的神仙感興趣，這的確超出任何人的理解。

　　但是，全家升天的觀念亦在普通百姓中找到了知音。我們的第
二個例子，儘管對道教研究者來說不太有名，但對我們理解漢代神
仙觀念的世間轉變卻也有相當的重要性。這個故事來自獻給一名叫
唐公房的神仙的漢碑。故事云西元7年，唐公房在其家鄉漢中郡任
小吏；他幸運地遇到一「眞人」並得其惠助，眞人收他爲徒並賜以
仙藥；因而唐公房雖然還在官府當差，但實已成仙。後來他沒有滿
足郡守的願望教他道術，而冒犯了郡守。郡守大怒，令其屬下拘捕
唐公房的妻兒。唐公房得知此事，赴師求助，眞人讓其妻兒服藥，
並說「可去矣」。但妻兒不願離家，眞人問：「豈欲得家俱去
乎？」他們答道：「固所願也。」於是以藥塗屋柱，同時餵了牛馬
六畜；馬上便起了一陣大風與黑雲，將唐公房及其家眷攜去，其屋
宅與六畜亦消失。碑文隨後有如下評論：「昔喬、松、崔、白，皆
一身得道，而公房舉家俱濟，盛矣。」[110]

108　更詳細的敘述見《論衡集解》，頁147(Forke, part I, p. 335)；應劭，
　　　《風俗通義》(四部叢刊本)，卷2，頁15b-16a。
109　《風俗通義》，卷2，頁16a。
110　嚴可均，《全後漢文》，卷106，頁1b-2a。

　　該故事暗含的意義豐富，但這裡可以強調幾點與我們的討論直接有關的內容。首先，它表明到此時，求仙已經獲得了更廣泛的社會基礎，不再是方士與統治階層壟斷的事情，因為故事裡的英雄只是一個郡府的小史。其次，它說明流行的信仰以為藥是最好，甚至是最容易的成仙方式。第三，仙觀念的日益世俗化反映在全家由人間移至天上。先秦時期人只能個人升仙；與黃帝同升天的包括其妻妾與部分大臣。伴隨劉安的不僅是其全家，還有其雞犬。唐公房的例子中除了全家與六畜，甚至其屋宅亦移到天上。這種向世間的轉化尤其適合漢代，因為那時由於儒家說教的影響，家庭紐帶日益緊密。

　　基於上面的討論，現在我們能夠更好地理解班固對求仙的全面批評：

> 神仙者，所以保性命之眞，而遊求於其外者也。聊以蕩意平心，同生死之域，而無怵惕於胸中。然而或者專以爲務，則誕欺怪迂之文彌以益多，非聖王之所以敎也。[111]

這一批評針對的無疑是我們一直在追述的求仙的世俗化。因此，在東漢時期，神仙的觀念變得與長壽及「不死」相一致[112]；而在作

---

[111] 《漢書》，卷30，頁29a。後來在3、4世紀隨著一種新類型的「地仙」的出現，仙獲得了一種更具現世性的性質（見《抱朴子內篇》卷2，頁27）。有時地仙因爲不願意放棄世間的享樂而拒絕升天，例如白石先生（見葛洪《神仙傳》卷3，頁4b）。亦參村上嘉實前引書，頁76-84；杜而未前引書，頁117-122。

[112] 例如漢代訓詁學家許慎以「長生仙去」解釋「仙」（《說文解字》8A）。另一位訓詁學家劉熙在其《釋名》（參N.C. Bodman, *A Linguistic Study of the Shih Ming* [Cambridge, Mass., 1954], p. 110, no. 1025）中以

者們意指形體不朽時，像「度世」這樣的彼世稱呼與「不死」這樣的世間稱呼被不加區別地使用[113]。

四、民間思想中的「神仙」觀念

在轉向民間思想以前，讓我們先來瞧一眼士人對求仙的態度。士人的普遍看法可以簡要地概括爲理性主義的與自然主義的。儘管大多數士人認爲長壽是人人想要的且值得追求的，但他們一般排除形體不朽成仙，認爲這是人力無法達到的。例如揚雄（前53年—18年）認爲不存在神仙，以及死亡不可避免，據此強烈反對通過法術成仙的說法[114]。同時代的思想家桓譚也認爲，積學可成仙的說教是方士的空話[115]。西元1世紀最偉大的批判哲學家王充專門用其

（續）────────

「老而不死」釋「仙」（四部叢刊本，頁21a）。

113 例見《論衡》與《太平經》，「度世」與「不死」可隨意互換。

114 《法言》（四部叢刊本）卷12，頁3b-4b。見Fung Yu-lan, I, p.149; E. von Zach, "Fa Yen," *Sinologische Beitrage* IV.1 (Batavia,1939), pp. 67-68.

115 《全後漢文》卷15，頁7a；參《桓子新論》（四部叢刊本），頁17b。桓譚在其他地方強調指出：「無仙道，好奇者爲之。」《全後漢文》卷15，頁5b。據張華《博物志》（士禮居叢書本，卷四，頁1a），桓譚與揚雄觀念一致。關於桓譚的立場爭論頗多，但這裡我們需要指出的是，只有一些歸在他名下的零散表述看來意思與此相反。如「聖人何不學仙而令死邪？聖人皆形解仙去，言死者，示民有終也」（《全後漢文》卷15，頁5b）。桓譚亦著〈仙賦〉讚賞王喬與赤松子，認爲達到方士所描述的養生效果是可能的（《全後漢文》卷12，頁7b；參《桓子新論》頁15b）。因此，他似乎持有兩種相互衝突的觀點；如果我們以偏概全，則無法解釋他的另一面。

《新論》現僅存輯本，其內容儘管實際出自桓譚，卻不可能準確代表其觀點。他的做法是首先引用別人的說法或當時流行觀點，然後附以他的意見。因此，那幾條似乎反映他是神仙道徒的說法可能是這類引文而非桓譚的意見。此外，〈仙賦〉是他年輕時所撰，撰此賦時他是成帝的郎

《論衡》的一篇來逐點反駁成仙的可能性[116]。據西元2世紀的應劭講，士人中的通行說法是「金不可作，世不可度」[117]。

　　儘管士人持懷疑主義，但形體不朽成仙的觀念仍在民間思想中紮下了深厚的根基。從王充對當時流行觀念的批評中，我們知道人們普遍相信形體成仙的各種方法。例如他們相信，像黃帝一樣舉行封禪可升天；像淮南王一樣服藥可升天(兩者上文已有所討論)；或像盧敖一樣服金玉之精，食據說使人身輕的紫芝之英可升天[118]。也有人相信只有追隨老子的教導寂靜無欲[119]，或斷食五穀[120]，或導引養生[121]，或甚至更為奇怪的將人體變形為鳥的形狀[122]，才能

(續)———

　　官，正值皇帝駕臨漢武帝時建於華山腳下以紀念王喬與赤松子的集靈宮。如果認為這種背景下完成的文學作品表達了作者的真實觀點，或許過於拘泥於舊說了。但是儘管我們對〈仙賦〉信以為真，它也只是少作，而《新論》寫於東漢初年(《後漢書》卷58上，商務印書館百衲本[1927]，頁3a)，時桓譚已屆七十，因此它能代表他對此問題的成熟意見。關於桓譚，見T. Pokora的一系列重要研究，特別是"The Life of Huan T'an,"*Archiv Orientalni*, 31(1963), pp. 1-79, 521-576. 他在*Archiv Orientalni*, 28(1960), pp. 353-367討論並翻譯了〈仙賦〉。

116 《論衡集解》，頁145-157；Forke, I, pp. 332-350.

117 《風俗通義》，卷2，頁17a。

118 《論衡集解》，頁150；Forke, I, p. 339.

119 《論衡集解》，頁155；Forke, I, p. 346.

120 《論衡集解》，頁156；Forke, I, p. 347.

121 《論衡集解》，頁157；Forke, I, p. 348.

122 《論衡集解》，頁29-33；Forke, I, pp. 325-331, 336. 如Forke正確指出的，變形起源很早，他引用了(頁336)古代中國著作中提到的雀入水後變為蛤的觀念。《國語》記錄了趙簡子嫉妒低等動物變形，以及對人不能變化形體表示悲哀(〈晉語〉，萬有文庫本，頁178)。這條材料似乎指出，人變形的觀念在春秋時期尚未成形，但是羽民或羽人的觀念能夠見於後來的著作，如《山海經》(約為戰國時期的著作)、《呂氏春秋》與《淮南子》(見津田左右吉〈神仙思想〉，頁242-246)。人可變形的觀念與形體不朽的想法同時產生的結論或是穩妥的，因為該觀念在漢代發展得很充分，以至於詩歌與繪畫均描繪羽人。見《論衡校釋》劉盼遂

達到形體成仙。

王充敘述的價值在於爲我們提供了一幅廣爲傳播的形體不朽成仙信仰的概括畫面。此外,他不加分辨地使用諸如度世、不死、升天、仙、長生與壽之類的詞語來稱呼形體不朽[123],表明彼世不朽與世間不朽間的界線已變得更加模糊。他偶爾使用的詞如「壽」作爲形體不朽的同義詞[124],也說明當時人們或許認爲不朽與長壽多少屬於同一範疇。長壽者存在的事實更加強化了可能成仙的民間信念。用王充自己的話說:

> 世無得道之效,而有有壽之人。世見長壽之人,學道爲仙,逾百不死,共謂之仙矣。[125]

當仙與長壽被說成是一樣時,則在將傳統的彼世不朽轉向此世方向上又前進了一步。

關於王充所批評的形體不朽的民間信仰的若干細節亦見於《太平經》。據該書,不僅形體可以不朽,而且它也構成人的最重要的目標之一。當然,這只是上文所討論的其普遍強調「生」的邏輯延伸:

(續)————

的注釋,頁32-35。關於漢代的這類繪畫,見 M. Rostovtzev, *Inlaid Bronzes of the Han Dynasty in the Collection of C. T. Loo* (Paris and Braussels, 1927),圖XII;水野清一,〈漢代の仙界意匠について〉,《考古學雜誌》XXVII,頁501-507。

123 尤見《論衡・道虛》與〈無形〉,以及Forke, I, ch.27, ch.28.

124 例如他引用一佚書稱「食氣者壽而不死」,《論衡集解》,頁156;Forke, I, p. 348.

125 《論衡集解》,頁153;Forke, I, p. 343.

天地之間，壽最爲善。……天者，大貪壽常生也，仙人亦
貪壽，亦食生。貪生者不敢爲非，各爲身計之。[126]

關於長生，《太平經》中唯一新奇並帶有宗教性成分的似乎就
是人的壽命可據其行爲伸縮的說法了。如果人行善，則人可由此成
仙。例如，作爲明確可以實現的目標，書中幾次提到白日升天，當
然這只有基於善行：

白日升天之人，自有其眞。性自善，心自有明。動搖戒意
不傾邪，財利之屬不視顧，衣服粗粗，衣才蔽形，是升天
之人行也。天善其善也，乃令善神隨護，使不中邪。天神
愛之，遂成其功。是身行所致……天信孝有善誠，行無玷
缺。故使白日輒有承迎，前後昭昭，眾民所見，是成其
功，使人見善。
白日之人，百萬之人，未有一人得者也。能得之者，天大
神所保信也。[127]

確實，報應說本身並不新鮮，但是，儘管它在中國思想中根深蒂固

---

126 《太平經合校》，頁222-223。
127 同上，頁596。此段及整個《太平經》所用的「天」有兩種意思：一指
仙人永久居住的終極快樂之地(例如天堂)，另一指主宰整個宇宙的人格
化的天或神，這種用法上的含糊，金岳霖教授作有一個通俗的區分：
「如果我們覺得『天』兼指自然和主宰自然的神，有時強調此意，有時
凸出彼意，則我們便接近中國術語的本意了。」(引自Fung Yu-lan, *A
Short History of Chinese Philosology* [New York, 1948], p. 192)爲了反映這
一區分，我用大寫的Heaven來表示該術語的第二種涵義。

且流傳廣泛[128]，卻尤與漢代士人及百姓中的思想氛圍相協調[129]。

再回到升天觀念，上一節我們追述了西漢時該觀念的世間轉化。它在《太平經》中被提及的頻率顯示此觀念仍被東漢求仙者視爲令人羨慕的。通過行善——除了，或甚至取代服藥——可獲升天的觀念進一步說明了神仙的世間特點，因爲修養德性就其定義而言性質上是人文的，因而也是世間性的。

我們甚至能夠發現《太平經》所說有人目睹東漢白日升天的根據，儘管沒有歷史的證據。據《後漢書》，河南密縣一位名叫上成公的外出很久後回家，告訴家人說他已得仙並與他們告別。家人見他舉步漸高，許久乃去。故事說當時兩位著名的士人陳寔、韓韶[130]同見此事[131]。這個虛構的故事一定在當時傳播甚廣，因爲2世紀的著名政治哲學家仲長統據說講過一個與此稍有不同的版本，其中主人公變成了卜成（「卜」疑爲「上」之訛），見證人不是陳寔韓韶，而是其父祖。[132]據此例，我們知道升天的信念可能也爲一些漢代士人所秉持，這一信念或許很好解釋了王充的嚴厲批評。

除了升天這種最高形式的形體不朽之外，《太平經》也費了些篇幅討論不死藥方與不死藥之類相關的事情；對於這些東西的存在

---

128 關於中國「報」的研究，見Yang, Lien-sheng（楊聯陞）, "The Concept of 'Pao' as a Basis for Social Relations in China," in John K. Fairbank, ed., *Chinese Thought and Institutions*（Chicago, 1957）, pp. 291-309.

129 關於漢代的報應說，見內山俊彥〈漢代の應報思想〉，《東京支那學報》第6卷，1960年6月，頁17-32。

130 兩人本傳，見《後漢書》，卷92。

131 《後漢書》，卷112下，頁8a。據《太平經》，升天的日期事先定好，而且升天前一定要把一種符放在心前，或許是爲了鑑別（《太平經合校》，頁608-609，亦參頁532-533與頁710）。

132 《抱朴子內篇》，卷5，頁999。該故事亦見於張華《博物志》，卷7，頁3a。

它持肯定意見，同時通過報應說解釋得到它們極爲困難。在回答眞人不老之方是否可得的問題時，天師說：

> 然，可得也；天上積仙不死之藥多少，比若太倉之積粟也；仙衣多少，比若太官之積布白也；……天上不惜仙衣不死之方，難予人也。人無大功於天地……故天不予其不死之方仙衣也。此者，乃以殊異有功之人也。……比若帝王有太倉之穀，太官之布帛也。夫太倉之穀幾何斗斛，而無功無道德之人不能得其一升也；……今人實惡，不合天心，故天不具出其良藥方也……故太古中古以來，眞道日衰少，故眞壽仙方不可得也。[133]

在此段中可以容易地識別出一種辯護的口氣。幾個世紀以來人們一直在尋找不死藥與藥方而無結果。不僅如王充那樣的富有理性精神的思想家懷疑藥與藥方的存在，就是目不識丁的百姓一定也深感失望。在報應說的幫助下，成仙信念能夠用一種更好的理論來抵禦士人從學理上的攻擊，並作爲道教的一種主要原則重現活力，使它得以吸引更多的信徒。

《太平經》中另一說法暗示神仙道徒延續了早期方士的傳統，即爲帝王尋找仙藥與藥方。它在那裡論證說，只知道消極忠順服務帝王者是中善之人，上善之人盡所有可能爲帝王求奇方殊術以便帝王延壽無窮[134]。

這裡看一下求仙與武帝以後漢代帝王的關係是題中之義。泛

---

133 《太平經合校》，頁138-139。
134 《太平經合校》，頁131-133，另參頁230。

言之，整個兩漢時期神仙對帝王的吸引力似乎從未消歇過。幾個
例子便足以說明問題。宣帝時期（前73—前49年），求仙復蘇，一
些原先爲淮南王劉安所有的仙方與丹方[135]被重新發現；於是皇帝
讓著名學者劉向負責根據藥方進行試驗[136]。改革者與篡位者王莽
據說相信一些仙穀[137]，此外，他與名叫昭君[138]的方士關係密切。
東漢時，桓帝（147-167年）尤以不加區別地熱衷於崇敬佛道兩教而
聞名[139]。有趣的是，皇帝對道教感興趣，如果說不是唯一的原
因，主要的原因也是他嚮往獲得形體不死。史書說皇帝專心於與形
體不死有關的事情，因此不僅遣人至老子的故鄉苦縣（河南）祭祀，
亦在宮中親自祭祀老子[140]。其他證據多表明，接近東漢末年，祭
祀老子已與求仙融爲一體[141]。根據這些事實，似乎清楚，道教

---

135 漢代求仙包括煉丹。見Henri Maspero, Le Taoisme (Paris, 1950), pp. 89-
  90. 據桓譚，仙藥可由煉金而得（見《全後漢文》卷15，頁6b）。

136 《漢書》，卷36，頁3b。

137 《漢書》，卷25下，頁10a。王莽據說也相信其他成仙的法術，如選淑女
  入後宮，以及用據信黃帝升天所用的華蓋（《漢書》，卷99下，頁7a）。

138 《漢書》，卷99，頁10b。

139 《後漢書》，卷7，頁8a；卷60下，頁10b。亦參湯用彤《佛教史》，頁
  55-57。

140 《後漢書》，卷18，頁4b。西元165-166年，皇帝實際上三次遣人去苦
  縣，只有第一次及最後一次見於《後漢書》卷七；第二次爲清代學者惠
  棟所補，見他的《後漢書補注》，第一冊，頁100。

141 關於西元2世紀後半期老子作爲求仙的中心人物有相當多的證據。據邊
  韶〈老子銘〉（關於作者，見E. Zurther, The Buddhist Conquest of
  China[Leiden, 1959], pp. 429-430 n. 31），當時道徒歪曲《老子》中的
  「神仙」說並神化其作者（見邊韶〈老子銘〉，《全後漢文》，卷62，
  頁3a-4a；亦參楠山春樹，〈邊韶の老子銘について〉，《東方宗
  教》，第11卷，1956年10月，頁49-54）。
  另一更有爭議的例子是爲益壽而對黃老君的祭祀（《後漢書》，卷80，
  頁1b）。一注家劉邠認爲它是「黃帝老君」之訛，這種解釋受到吳仁傑
  的挑戰，他不相信黃帝與老君是「天神」，並指出據六朝道教文獻，道

以求仙爲媒介成功地在漢代宮廷確立其地位。進而可以推想，東漢時許多方士與道士以誇口保證成仙博得帝王的信任與支持來繼續其前輩的做法。

　　我相信這一歷史背景爲理解《太平經》所說的爲帝王求仙藥仙方提供了一個重要的線索[142]。不幸的是，與《史記》、《漢書》不同，《後漢書》對於方士與道士在宮廷的活動幾乎隻字未提[143]。但是，下面的事例顯示了道徒與一些東漢皇帝的密切關

(續)————

　　教神譜中有一黃老君(《兩漢刊誤補遺》，知不足齋本，卷10，頁3b-4a)。惠棟提出黃老君是五天帝之一，它亦以「天神」而爲人所知(《後漢書補注》，第五冊，頁317)。三位學者沒有一位提供證據來支持其猜測，且在漢代文獻中此詞僅見於《後漢書》卷80。或許受到吳仁傑與惠棟的誤導，Maspero提出一說，即此祭祀設立於西漢早期，且黃巾以黃老君爲其最高神。換言之，他不認爲此詞與黃帝、老子有關，而是出自黃、中央的顏色，以及表示年長的老(Le Taoisme, pp. 219-222)。最近秋月觀瑛根據名稱指黃帝與老子神化爲一單獨的神以及道的化身，以及認爲祭祀黃老君能帶來不死或長壽，提出了另一說(〈黃老觀念的系譜〉，頁77)。

　　如前所見，因爲桓帝祭祀老子是爲渴望不死所驅動，黃老君一定與黃帝和老子有關(見津田《道家の思想》，頁346-347；Creel, p. 149, n. 97; Holmes H. Welch, "Syncretism in the Early Taoist Movement," Paper on China, Vol. 10, Cambridge, Mass., October, 1956, pp. 13-14)。應該注意甚至晚至西元4世紀初，黃老一詞仍用於表示黃帝與老子，而非一單獨的神(《抱朴子內篇》，卷10，頁178)。但是就我們的目的而言，與祈求不死的事實相比，祭祀名稱的起源不太重要。

142　余遜，〈早期道教之政治信念〉，《輔仁學志》，第11期(1942)，頁101。

143　考察一些東漢諸侯王與道士或方士的關係，可見與淮南王相似。西元70年楚王英也因爲與諸如王平、顏忠等方士交往，且圖謀起兵而被譴責；他亦自殺(《後漢書》，卷72，頁2b-3b)。據《論衡》，一個叫劉春的道士勸誘楚王食不清之物(《論衡集解》，頁139；Forke, I, p. 290)。這些事情說明方士或道士在王廷中非常活躍。湯用彤曾指出，幾乎所有楚王的兄弟都捲入巫術，且與楚王信仰相同(《佛教史》，上冊，頁51-52)。顏忠亦出現在濟南王康的宮中，他在那裡煽動劉康叛亂(《後漢

係。「何皇后(靈帝[168-188年]之后)……生皇子辯，養於史道人
家，號曰史侯」，注釋引用了《獻帝春秋》的一段話來解釋此事：
「靈帝數失子，不敢正名，養道人史子眇家，號曰史侯。」[144]

這個故事對認識道教在東漢宮廷的影響有些幫助，但由於比較
簡略，它的重要性難以估計過高。至少暫且可從中得出兩點結論。
首先，皇子能被委託給道人家庭照看，表明道人贏得宮廷普遍信任
的程度。其次，出於安全的目的讓皇子養於道人家的做法，與對道
教神仙和長壽的流行信仰必定多少有關，這種做法在後世變得相當
普遍。六朝時期可以找到類似的事例。著名詩人謝靈運因爲謝家子
孫難得，故出生後就被直接送到杜姓道士家寄養，十五歲時才回到
自己家[145]。

最後，讓我們根據《太平經》考察一下「仙」的世間轉化。
以王子喬或赤松子爲典型的傳統的離群索居型的仙與人世全無聯
繫。但在《太平經》中，一旦真人成爲最高統治者(治)，則以仙
人爲臣[146]。此外，早期文獻中所有仙，不論是神人、真人或其
他，地位均平等，他們並無高下等級。但《太平經》中十分奇怪的
是，天界與人間通過如下等級聯繫了起來：神人、真人、仙人、道

(續)──────────────

　　書》，卷72，頁3b-4a)。惠棟指出，劉春與劉子產爲一人，亦見於康王
　　廷(《後漢書補注》，第五冊，頁447)。西元147年，清河王蒜在他努力
　　奪取帝國時贏得了叫劉鮪的「妖賊」的支持。《後漢書》中稱呼這些事
　　例的術語大多數是「道徒」(參賀昌群，〈論黃巾農民起義的口號〉，
　　《歷史研究》，1959年第6期，頁34)。最後一例，西元173年，陳王寵
　　被控與國相魏愔共祭天神以圖謀反，後來發現這個「天神」不過是「黃
　　老君」(《後漢書》，卷80，頁1b)。

144 《後漢書》卷10下，頁6a。
145 鍾嶸，《詩品》(萬有文庫本)，卷1，頁6。
146 《太平經合校》，頁25。

人、聖人、賢人、民人與奴婢[147]。依此，天上與人間實際聯繫起來並合爲一體。如我們已經注意到的，後來創造出了一種地仙(見本書頁48註111)。而在《太平經》中我們已經遇到了這類原始形式的人間仙人；例如，該書實際提到名山大川是容納未能上天的仙人的地方[148]。

與仙人的世間特點有重要關係的最後一點，可以從其重點放在家庭紐帶上看出來。據《太平經》，只爲個人解脫而學道者是下士，而爲全家度世而學道者是中士[149]。顯然，這是對傳統的離群索居的個人主義的神仙觀念的強烈排斥。該書的其他地方，拋棄父母妻子去求道遭到猛烈攻擊，被認爲是顛倒正道[150]。

五、小結

始於戰國晚期下及整個漢代，作爲觀念與崇拜對象的不朽，其整個發展的特點一言以蔽之：現世精神。如前面所觀察到的，這種現世精神不僅可以在古代中國的普遍的長壽欲望中追溯其歷史根源，而且從觀念形態的角度看，它也得到了中國人頭腦中強調人生的普遍的人文特徵的支持。

看待仙人生活的觀點的變化尤其充分地闡明了不朽的世間轉化的過程。先秦文獻中「仙」被描繪爲漫遊空中的隱居的個人，與人

---

147 《太平經合校》，頁221。
148 《太平經合校》，頁698。該段可以與《抱朴子內篇》，卷2，頁27並讀。
149 《太平經合校》，頁724。
150 《太平經合校》，頁676。亦參湯用彤，〈讀太平經書所見〉，頁26；《佛教史》，頁104-105。

間毫無聯繫。但在漢代文獻中，我們開始發現「仙」有時也享受定居生活，他們不僅將家人帶到天堂，而且還把在人間的所有動產也帶到天堂。在我看來，這一變化似乎不應從漢代社會發展中孤立出來，在這種發展中，個人的家庭紐帶日益強化。如果沒有對這種新環境的如此適應，「仙」的觀念不可能歷經迅速而廣泛的種種社會變化而猶存，正是這些變化將秦漢時期與此前的時代截然分開。

求仙的現世精神的另一重要側面在於它與政治糾纏不清。在中國歷史上，道教通過它與朝廷的密切關係在政治進程上發揮這樣或那樣的不小影響是稀鬆平常的事[151]。根據前文所說，我們能夠肯定，總是以求仙爲媒介而建立這種聯繫的傳統，首先是由戰國末期的方士創立的，隨後由秦漢時期的方士大爲加強。這一點由《太平經》反覆敦促人們爲帝王求仙藥仙方而得到充分的證明。方士或神仙道徒熱切的政治興趣亦使得他們在某些方面與西漢初所謂的黃老道聯繫在一起變得更爲可能。

151　見陳寅恪，《史語所集刊》，第3本第4分(1934)，頁439-466；余遜，頁92-102。

附錄
漢代專有名詞中的長壽類用語

　　漢代長壽的觀念用各種詞語來表達。除了「益壽」與「延壽」[152]，其他反映皇家祈求不死的名詞亦在使用，如「延年」、「迎年」，並且根據顏師古的注釋，「明年」意指「明其得延年也」[153]。這類名詞並非皇家的禁物，而是廣泛應用在漢代中國的地名與人名上。皇家的使用是否有助於它們的普及，或者它們的廣泛流行是否推動了宮廷採用它們，我們無從了解，儘管前者似乎更有可能。無論哪種情況，它們顯示了求仙的世間轉化與普及，如在居延發現的漢代木簡文書中的地名與人名所證明的，這些文書大約從西元前102年至西元31年。

　　在地名中我們找到三個「壽里」，[154]一個「長壽里」[155]，兩個「延壽里」[156]。也有一個烽燧名稱也帶有「延壽」字樣[157]。

　　至於人名，例子很多。除了著名的李延年、嚴延年、韓延壽，他們三人在《史記》與《漢書》中有傳或反覆提到，下面的名字在漢簡中也出現得非常頻繁：

---

152 據陳直(《漢書新證》，頁120)，在藍田，即今陝西，實際上另有一延
　　壽觀。
153 《漢書》，卷25下，頁2b。
154 勞榦，《居延漢簡釋文》(台北，1960，以下簡稱《漢簡》)，2038號，
　　頁42；2145號，頁44；4092號，頁83。
155 《漢簡》，509號，頁11。
156 《漢簡》，3999號，頁81；《居延漢簡甲編》(北京，1959，以下簡稱
　　《甲編》)，1192號，頁50。
157 《漢簡》，1274號，頁26。

	《漢簡》				《甲編》	
	簡號	頁碼	簡號	頁碼	簡號	頁碼
壽	109	3	5737	120	1403	59
	532	12	5860	123	1489	62
	601	13	6579	136	2103	87
	4500	92	6833	141	（附　錄）	
	4520	93	7394	152	6	106
	4667	96	9048	183		
延壽	150	4[158]	6175	129	33	3
	857	18	7215	148	941	40
	1091	22	7303	150		
	3566	71	7670	159		
	3749	75	7677	159		
	4543	93	8013	165		
	4690	97	9438	190		
	5329	110	9941	199		
長壽	1230	25	4093	83		
	4061	82				
益壽	1954	40				
上壽	7216	148				
延年	221	5	1005	21	636	28
	715	15	3114	62	1500	62
	768	16	3603	75	2554A	104
	885	18	7439	153		
長生	1627	33				

　　上表絕非網羅無遺。那些被認為是後代人的名字或疑為後代人的名字沒有收入(例見《漢簡》，223號，頁5；669號，頁14)。重複的情況如能確定，也被排除(例見《漢簡》，6234號，頁130；7176號，頁147；7676號，頁159)。另一方面，粗心的忽略不可避

158　益壽據《甲編》，538號，頁24。圖版中原字不清楚。

免；因此此表最多是個好的取樣。無論其如何不足，它顯示了漢代中國求仙的世間轉化與普及的兩個重要事實。首先，帶有這類名字的人多數為邊塞烽燧的官吏與士卒，這一事實表明普通人與皇帝同樣渴望長壽或成仙，這是仙說滲透社會的標誌。其次，如此命名的人來自帝國的各個郡，這進一步說明該觀念已經傳播得既廣且快。在這些人所代表的地點中，有漢中（《漢簡》，150號）、南陽（同上，5737號）、東郡（同上，6579號）、居延（同上，7216號）、都城長安（《甲編》，1500號）和山陽昌邑（同上，2130號）。這種分布從地理角度給出了求仙流行程度的一些信息。

據"Life and Immortality in the Mind of Han China," *Harvard Journal of Asiatic Studies* 25（1964-1965）: pp. 80-122譯出。

（侯旭東、伍志萍譯）

第二章
養生長壽

上一章多處涉及不死成仙觀念時，我們已談及長壽觀念。現在我們必須專門討論這一時期的長壽問題。

一、士人中的養生風氣

如果說漢代士人對形體成仙尚存懷疑與保留的話，他們對長壽說看來是持普遍接受的態度的。如所周知，他們中的大多數不僅相信，而且修習他們稱之為養生術的技巧。確實，「養」作為一種觀念，在漢代並不新鮮。它最早至少可以追溯到春秋時期。一般認為出自莊周（約前365-前290年）的《莊子・內篇》，其七篇中的一篇就稱為「養生主」。但是後代道士所操習的養生術，理論上只能來自《莊子・外篇》，這部分是在相當晚近的時期編撰的[1]。

養生術包括導引與辟穀之類的法術，這些技術有時被稱為道家瑜珈而為西人所知[2]，它們在整個漢代流行於士人中。西漢初，幫

---

1 關於此點，見森三樹三郎，〈莊子にねける性の思想〉，《東方學》，18，1959年6月，頁1-8；此文可與Creel教授的文章"What is Taoism?"並讀，文中有力地論證了祈求成仙不僅與莊子的哲學立場相異，而且也與其立場相衝突，特別見頁146-148。

2 Arthur Waley, *The Way and Its Power* (An Evergreen Book edition), pp. 116-

助締造帝國的最傑出的功臣之一張良沈溺此術³，隨著時間的推
移，養生術贏得了越來越多的信徒。十分矛盾的是，一些帶有理性
色彩的思想家甚至也無法完全擺脫它的影響。例如桓譚，雖然他否
認獲得形體成仙的可能性，卻承認如果養生得法，長壽也是可能
的，沒有絕對排除人的最終死亡⁴。王充的事例或許更有說服力。
我們已知道他對肉體不死觀念的駁斥非常堅定，然而同樣是王充，
不僅修習養生術，而且還為它著書立說。在《論衡·自紀》中他自
述道：

> （充）乃作《養生之書》⁵凡十六篇。養氣自守，適食則
> （節）酒閉明塞聰，愛精自保，服藥引道⁶，庶冀性命可
> 延。⁷

（續）————————————————————————————

120.

3 《史記》，卷55，頁5a。

4 《新論·形神》，收入《弘明集》（四部叢刊本），卷5，頁9a；《全後漢
 文》卷14，頁8a。我們將在別處討論此篇作者歸屬的爭論。

5 據《論衡》是「養性之書」。但中華書局影印涵芬樓本《太平御覽》卷
 602，頁3下作「養生」，《太平御覽》卷720，頁5下引《會稽典錄》同
 此。但是因兩字有時意義相通，此處異文無關宏旨(參《論衡集解》，
 頁592)。事實上，在《論衡》其他篇中王充也使用過「養性」一詞；例
 如，他說：「道家或以導氣養性度世而不死。」(Forke, part I, p. 348;
 《論衡集解》，頁157)另一位哲學家桓譚，也使用同樣的術語來稱呼道
 家養生術，「老子用恬淡養性，致壽數百歲」。《弘明集》，卷5，頁
 17a。

6 《論衡》原句是「適輔服藥導引」，前面兩字此處顯然全無意義，我同
 意近代注家的意見，此句文字有脫落(孫人和，《論衡舉正》[1911]，
 卷4，頁37a)。儘管全句或有錯亂，但後四字明白無誤地表明王充確實
 相信服藥導引可延年益壽。

7 《論衡集解》，頁592。由於Forke對文本理解有誤，他對本段的翻譯頗
 不可信(見前引, part I, p. 82)。這裡大多數翻譯是我譯的。

《後漢書》亦云：

> (充)年漸七十，志力衰耗，乃造《養性書》十六篇，裁節
> 嗜欲，頤神自守。[8]

對於王充的理性主義與自然哲學，他的批評精神或者其唯物主義立
場，現代學者已有很多論述，所有這類論斷無疑都是論據充分的。
作爲一個思想家，王充也因此被視爲大大超越了他的時代；對王充
的這種現代評價是否有根據，毋須質疑。這裡我唯一想強調的一點
是，即使像王充這樣偉大的思想家也不可能完全不受他所生活時代
的主流觀念與習俗的影響。就養生術而言，王充仍是時代的產物，
與其他士人並無二致[9]。

　　這裡簡短地討論一下養生術與道家的關係可能是適宜的。學者
通常將統稱爲Taoism區分爲獨立的兩類：一是哲學性的，另一是宗
教性的。在傳統的中國文獻中，前者通稱爲道家，後者爲道教[10]，
因而人們不易混淆兩者。需要澄清的問題或許可以表述爲：兩種不
同的Taoism之間有何聯繫？如果兩者彼此相聯，則會是何種聯繫？
對於這些問題已有各種答案[11]。但是，出於本文的目的，這裡僅舉

8　《後漢書》，卷79，頁1a。

9　Creel敏銳的觀察使他對誇大王充的理性主義提出了質疑，如他所說：
「看作一個理性主義者儘管言過其實，但王充曾嘗試服藥養生以防衰
老。」("What is Taoism?" p. 150)

10　見許地山《道教史》，頁1。日本學者沿襲了這種用法，他們稱哲學性
的Taoism爲道家，宗教性的Taoism爲道教。見宮川尚志，〈道教の概
念〉，《東方宗教》，16(1960年11月)，頁1-20。

11　中國歷史上關於道家看法的變化的一般論述，見許地山，《道教史》，
頁1-10。日本學者的一些見解，見宮川，〈道教の概念〉。

一些有代表性的觀點。如果忽略各家觀點的細微不同與獨特之處，
我們可以方便地將各種觀點分爲三組。第一組堅持道家哲學與道教
同源，其不同是後世發展的結果[12]。第二組與第一組正相反，認爲
作爲哲學流派的Taoism與作爲宗教的Taoism不僅有別，而且自其
發端就循不同的路線發展；它們唯一的聯繫是分享了一個共同的
名稱，這是由於道教徒托庇於老子與莊子之類古代哲人名聲的結
果[13]。第三組看法可視爲上面兩種多少有些片面的解釋的調和。按
照這種觀點，哲學性的Taoism與宗教性的Taoism最初並不相關，或
者用一種更爲穩妥的方式說，現存有關Taoism的資料不足以使我們
相信它們出自同一源頭。但在後來的發展中，至少從西漢開始，兩
者在許多點上逐漸開始相遇，結果出現雙流交彙。道家與其對家道
教在概念上雖然仍可區分，但變得彼此交融，以致幾乎難以輕易劃
分清楚的界線[14]。

---

12 例如聞一多相信老莊，特別是莊子所代表的道家，與後漢時所建立的道
    教，均出自他稱爲「古道教」的原始宗教；他進而提出道家是原始宗教
    的昇華，而道教則是原始宗教的直接繼承者(見〈道教的精神〉，收入
    所著《神話與詩》，頁143-152)。最近宮川在〈道教の概念〉中提出了
    有些類似的觀點，在該文英文提要的結論中說，「道教是道家的宗
    教」。

13 章炳麟反覆論證道家與道教毫無相同之處。章炳麟遵循傳統的「三品
    說」(見劉勰〈滅惑論〉，收入《弘明集》卷8，頁13a)，將Taoism分爲
    三支，即老莊哲學、長生不老術、巫術，並堅持它們沒有必要相互關聯
    (見其《學變》，卷3，頁23a；〈黃巾道士緣起說〉，收入《檢論》卷
    3，頁24a-25b，章氏叢書本)。Creel的"What is Taoism?"的主要論點也是
    道家必須與他所說的「仙道」分開，如果他讀到章炳麟的著作，他一定
    會驚奇地發現在許多觀點上章炳麟與他一樣。

14 相當多的學者贊同這種解釋。例如小柳司氣太認爲，就起源而言，老莊
    學與道教並不相同，但它們後來的發展變得相互交融以致無法截然區分
    (見其《老莊の思想の道教》[東京，1935]，前言)。許地山也認爲，在
    起源上老莊哲學與後來的道教並無直接的聯繫，因爲後者源自原始巫

　　這裡不擬討論三種解釋孰優孰劣。我以爲最後一說勝過前面兩說，因爲就漢代Taoism而言，它可以解釋更多的事實。其合理性在一定程度上可以爲西元二、三世紀養生術的發展所證實。

　　理論上講，要找到一條線索將道家哲學的形而上層面與形體成仙術串連起來，看來是困難的，成仙術乃是漢代道教一個最凸出的特點。的確正是這種理論上的考慮，推動了許多學者將道教與道家分開。我將不涉及理論層面的難題，這一難題聚訟紛紜，可能也無望獲得定論。因而我只希望指出兩個無可辯駁的事實，它們對於大體理解漢代Taoism的性質，看來既非無足輕重，亦非毫無干係。第一點要討論的是如下的事實，即後漢時期存在著既熱衷於道家哲學也修習養生術的士人。第二點值得注意的是，養生術中一些最爲重要的技術看來與追求成仙者所使用的技術一致。並觀這兩個事實能更加說明道家與道教間的內在聯繫[15]。

　　現在先討論第一點。我們並不知道人們何時開始將養生術與道家哲學著作，特別是《老子》，聯繫起來。就我們從證據所知，至少西元1世紀已有若干學者從漢代流行的養生術的角度來理解《老子》與《莊子》的一些段落。以王充《論衡》爲例，其文云：

> 食氣者必謂吹呴呼吸，吐故納新也，昔有彭祖嘗行之矣，
> 不能久壽，病而死矣。[16]

（續）─────────────

術，而在後來吸收了前者形而上的成分。見所著〈道家思想與道教〉，
收入《燕京學報》，第2期(1927)，頁259。

15　我曾在別處論及此問題，見拙文〈漢晉之際士之新自覺與新思潮〉，
《新亞學報》，第4卷第1號(1959年8月)，頁25-144。

16　《論衡集解》，頁156；Forke, Part I, p. 348.

這段可能借自《莊子》[17]。在最初的語境中,該段的作者可能並不真正贊同通過吐納來益壽的觀念[18]。然而,此例至少表明王充似乎表面上採納了《莊子》的說法。在另一處王充寫道:

> 世或以老子之道爲可以度世,恬淡無欲,養精愛氣。夫人
> 以精神爲壽命,精神不傷,則壽命長而不死。老子行之,
> 逾百度世,爲眞人矣。[19]

這段陳述毫無疑義地表明在王充生活的時代,人們從養生術角度來理解《老子》。此段連同《論衡》中其他提及道家的段落,已被一些人用作道家與求仙開始結合的證據[20]。事實上,至少在王充撰寫《論衡》[21]之前約三十年,桓譚已告訴我們如下的故事:

> 余嘗過故陳令同郡杜房,見其讀老子書,言老子用恬淡養
> 性致壽數百歲,今行其道,寧能延年卻老乎?[22]

---

17 《莊子》(四部備要本),卷6,頁1a;James Legge, *The Writings of Kwang-Zze*, p. 370.

18 關於《莊子》此段的討論,見Creel, "What is Taoism?," p.147; Welch, "Syncretism in the Early Taoism Movement," pp. 6-7.

19 《論衡集解》,頁155;Forke, Part I, p. 346.

20 Creel, "What is Taoism?" p. 150; Welch, *The Parting of the Way*, p. 105, note 1.

21 根據侯外廬等《中國思想通史》(1950,卷2,頁255),《論衡》的編撰遭遇了幾次中級,從西元59年到90年前後用了三十多年時間。但Forke在其英譯後記中(頁417)證明,《論衡》肯定寫於西元81年至84年之間。由於《論衡》這樣篇幅的著作不太可能在一二年內完成,故侯外廬的說法更可取。

22 〈形神〉,見《弘明集》卷5,頁7a。應該注意的是,就事實看,將老子與養生術聯繫起來是漢代學者的一種流行方式,此段很可以用作〈形

這或是現存最早的將老子與求仙聯繫在一起的證據。此後，接近東漢末，黃(帝)老(子)學說與求仙或養生的聯繫似乎變得更為緊密。譬如矯慎在研習黃老的同時修煉求仙的導引術，故甚至在他死後人們依然相信他已成仙[23]。關於向栩，我們發現一個更加有趣的事例。據說他恒讀《老子》與《莊子》，同時沈迷於一些似乎帶有益壽味道的黃老道的法術[24]。此事例中無疑可以斷定道家與道教有時的確聯手。仲長統為我們提供了另一例子。他已被認為是西元2世紀最偉大的政治哲學家之一，與他的多數同輩相似，他對「生」的看法深受老莊的影響[25]。但同樣是仲長統，他又相信身體不死成仙是可能的。根據他的理論，養生或養性最簡單的辦法是練習吐納；極少有人不死成仙的事實並不能證明吐納無法成仙，人們成仙失敗只是由於其心思充滿世俗的功利[26]。在其名文〈樂志論〉，又名〈卜居論〉[27]中，他說：

安神閨房，思老氏之玄虛；呼吸精和，求至人之仿佛。[28]

根據《後漢書》注家李賢的看法，此段指的是老莊著作中的養生方

(續)

　神〉為桓譚所作的一條內證。

23　《後漢書》，卷113，頁6a-b。

24　湯用彤，《佛教史》，上冊，頁97-98；亦參《後漢書》卷111，頁10a-11a。

25　關於此點，見賀昌群，《魏晉清談思想初論》(上海，1947)，頁11-20。

26　《全後漢文》，卷89，頁8a；亦參《抱朴子內篇》，卷5，頁98。

27　據嚴可均，篇名應是〈卜居論〉，此篇構成其佚作《昌言》34篇中的一篇。見《全後漢文》卷89，頁9b。

28　《全後漢文》，卷89，頁9b；《後漢書》卷79，頁6a。

法[29]。若此說不誤,則甚至莊子的著作在將近西元2世紀末時也與求仙聯繫了起來。

下至3世紀,當老莊哲學開始統治知識界時,士人更為緊密地將它與求仙聯繫起來。對此可以用嵇康(223-262年)為例。嵇康是老莊嫡傳譜系中出色的道家哲人,但另一方面他又服藥吐納尋求養生[30]。在〈養生論〉——此文顯然與早先漢代關於該主題的著作,如王充的《養性書》以及仲長統對吐納導引的討論是一致的——中,他告訴我們:

> 至於導養得理,以盡性命,上獲千餘歲,下可數百歲。[31]

他復云:

> 善養生者,則不然矣。清虛靜泰,少私寡欲……外物以累心不存,神氣以醇白獨著。曠然無憂患,寂然無思慮。又守之以一,養之以和。和理日濟,同乎大順。[32]

嵇康用這種方式成功地將養生術至少在理論層面上與老莊道家哲學

29 《後漢書》卷79,頁6a-b。呂思勉在《秦漢史》(1947,卷2,頁826)中也認為仲長統語涉導引。

30 《晉書》(同文書局本),卷49,頁11a-b;亦參Donald Holzman, *La Vie et la pensee de Hi K"ang*, Leiden, 1957, 特別是pp. 52-53, 57-58. 的確,我們在此只是將嵇康作為一個養生修習者,不打算完整地呈現他的思想。欲更多地了解這位哲人,應參閱Holzman的著作。

31 《嵇康集》(魯迅編,1947),頁48。亦見D. Holzman的法文翻譯, *La Vio et la pensee de Hi K"ang*, p.83.

32 《嵇康集》,頁50。亦參Holzman, *La Vio et la pensee de Hi K"ang*, p. 90.

相協調。因為這樣理解，養生意味著生活要嚴格按照「大順」或遵循事物的自然過程，這是道家哲學的根柢[33]。

第二點我們必須進而了解士人用來養生的方法與求仙所使用的技巧在什麼程度上是一致的。如前面的討論所顯見的，養生的方法可分為兩大類：服藥與側重吐納導引的形體練習。例如王充是兩者兼習，儘管他不認為服藥是成仙的一種辦法，但他還是說：

> 夫服食藥物，輕身益氣，頗有其驗。若夫延年度世，世無其效。[34]

換言之，他否認用藥能保證長壽或不死，但相信服藥對養生有益，儘管只是在非常有限的程度上。對於仲長統，養生則重在吐納。對嵇康，重點則放在服藥上。據載，嵇康服食以養生[35]；緣於此，他常採藥遊山澤[36]。在給山濤的一封信中，他說：

> 又聞道士遺言，餌朮黃精[37]，令人久壽，意甚信之。[38]

33　此點見湯用彤，《佛教史》頁121-123的簡短討論。陳寅恪也指出，自然主義者諸如西元3世紀的玄學家，都企求不死成仙或長壽，見〈陶淵明之思想與清談之關係〉，1945年，特別是頁41、43、55。如Holzman正確地看到，「嵇康的養生術基於道家的一個原始概念：人之原初本質與道同」，前引書，頁53。在《太平經》與《想爾注》這兩部漢代著作中，自然的概念被用作道教的首要原則並等同於道，見饒宗頤前引書，頁69。

34　《論衡集解》，頁157；Forke, part I, p. 349.

35　《三國志》注引嵇喜《嵇康傳》（同文書局本），卷21，頁8a。

36　《晉書》，卷49，頁12a。

37　關於這些術語，我用Holzman的解釋，*La Vio et la pensee de Hi K"ang*, p. 53.

整條材料傾向於表明，嵇康在養生中曾經大量服藥，但是這並不意味他沒有注意到將導引吐納作爲一種益壽的方法。在〈養生論〉中，他信誓旦旦地說：

> 又呼吸吐納，服食養身，使形神相親，表裡俱濟也。[39]

吐納也被推薦爲一種養生的正當方法，與服食效力相當。曹操亦靠服食野葛來養生[40]。在給皇甫隆的信中，他問道：

> 聞卿年出百歲，而體力不衰，耳目聰明，顏色和悅，此盛事也。所服食施行導引，可得聞乎？若有可傳，想可密示封內。[41]

由上述諸例可明白，如不考慮所服藥物因人而異和導引方式人各有別，服食、導引是士人養生的兩種主要方法。

但是，注意到求仙者所運用的更加重要的手段中這兩種方法也

(續)————————————

38 《嵇康集》，頁41。

39 《嵇康集》，頁48；Holzman, *La Vio et la pensee de Hi K''ang*, p. 84.

40 《博物志》，引自《三國志‧魏書》卷1，頁45a。

41 《全三國文》，卷3，頁6a。至於養生的方法，這裡有兩點可補充。首先，三國與南北朝時期(221-589)在士人中服食日益流行，士人尤鍾情於一種名爲五石散或寒食散的藥，服此常使人精神飄逸(詳見余嘉錫〈寒食散考〉，《輔仁學志》卷7，第1-2號；魯迅，〈魏晉風度及文章與藥及酒之關係〉，《魯迅全集》[上海，1948]，卷八，頁487-507；王瑤，〈文人與藥〉，《中古文人生活》[上海，1951]，頁1-43)。其次，西元2-3世紀的佛僧也傳授調息之法，如這時期的佛經《安般守意經》就提及調息法(見湯用彤，《佛教史》，上冊，頁96-97)。

赫然在列，則是饒有趣味的[42]。《抱朴子》——一部關於形體不死成仙的主要著作——的這段話將足以證實這一點：

> 服藥雖爲長生之本，若能兼行氣者，其益甚速；若不能得藥，但行氣而盡其理者，亦得數百歲。[43]

因此我們可以說，西元頭二、三個世紀的士人所修習的養生術的確明顯類似於道士的不老成仙術。但是仍有一個非常棘手的問題不能迴避，即養生術與求仙術有什麼不同？在我看來，前者唯旨在長生，而後者許諾其信徒成仙的可能。這裡可能的疑問是，由於神仙道徒亦將長生作爲次要的選擇，同時修煉養生術者也未完全排斥成仙的想法，因此，做出如此武斷的區分有何明確的意義呢？如前文所述，長生與成仙的不同是程度上的，不是性質上的。儘管如此，區別本身也不是無足輕重的。本研究所涉及的時期，求仙與道教已水乳交融，成爲道教的一部分，因此，它至少部分贏得了從朝廷到庶民相當廣泛的社會基礎。另一方面，養生之風多少局限在士人中，他們的懷疑主義態度使他們像桓譚與王充那樣無法篤信「仙」說。這並不意味著所有士人對此問題能夠秉持理性的看法。事實上，他們中如仲長統之類的大多數對仙的信仰還是與流俗一致。但出於各種原因，他們自己似乎在求仙上已顯得躊躇不前。

42　關於神仙道士使用的各種方術的概述，見傅勤家，《中國道教史》
　　（1937），頁124-141；呂思勉，《秦漢史》（1947，卷2），頁824-827；
　　Maspero, *Le Taoisme*, pp. 89-116; 非常言簡意賅的說明見Creel, "What is
　　Taoism?,"p. 143.
43　《抱朴子內篇》，卷5，頁95。

二、養生術與求仙

流行的求仙與士人的養生術之間的區別可以由嵇康的事例加以
很好的闡釋，他在〈養生論〉中云：

> 世或有謂神仙可以學得，不死可以力致者。或云上壽百二
> 十，古今所同，過此以往，莫非妖妄者。此皆兩失其
> 情……夫神仙雖不目見，然記籍所載，前史所傳，較而論
> 之，其有必矣。似特受異氣，稟之自然，非積學所能致
> 也。至於導養得理，以盡性命，上獲千餘歲，下可數百
> 年，可有之耳。[44]

此段中，嵇康一方面調和關於人生的兩種極端對立的觀點，另一方
面在求仙與養生術之間作出最早的明確區分，這一區分如果其前輩
已有所覺察，也是相當模糊的。雖然他相信有限的長生不老可由一
些法術獲得，但這些法術聽起來更多的是在人力可及的範圍內，這
種信念顯然屬於漢代士人的養生傳統，而他的「神仙非積學所能
致」[45]的理論似乎是對道教求仙的公開挑戰。在《太平經》中有這

---

44 《嵇康集》，頁47-48；Holzman, p. 83.
45 亦參《三國志》，卷21，頁8a引〈嵇康傳〉；《晉書》，卷49，頁
11a。應當注意的是，這裡神仙與通過養生而有限長生之間的這種區
別，後世的中國士人也堅持。例如下至11世紀，著名宋代理學家程頤
(1033-1108)依然相信通過養生而長壽是可能的，儘管他並不贊同它。
但另一方面他反對「仙」說，認為是道教的騙術(見朱熹編《近思
錄》，叢書集成初編本，卷13，頁323)。

樣一段非常有趣的陳述：

> 夫人愚學而成賢，賢學不止成聖，聖學不止成道，道學不
> 止成仙，仙學不止成眞，眞學不止成神，皆積學不止所致
> 也。[46]

這段表述一定直接或間接與嵇康「神仙非積學所能致」的說法有些
聯繫。考慮到《太平經》在道教初創時可能被用作代表其正統觀點
的事實，嵇康的說法明顯是針對積學不止可成仙的道教傳統信條的
批評，而不是針對《太平經》本身。此外，嵇康的批評在神仙道徒
中不是沒有回應，它在後代道教著作中激起了反響。譬如，在葛洪
的《抱朴子》中我們發現如下的段落：

> 或人難曰：人中之有老彭猶木中之有松柏[47]。稟之自然，
> 何可學得乎？抱朴子曰：夫陶冶造化，莫靈於人……知上
> 藥之延年，故服其藥以求仙，知龜鶴之遐壽，故效其道引
> 以增年。且夫松柏枝葉，與眾木則別；龜鶴體貌，與眾蟲
> 則殊；至於彭老，猶是人耳，非異類而壽獨長者，猶於得
> 道，非自然也……若謂彼皆特稟異氣，然其相傳皆有師奉
> 服食，非生知也。[48]

46　《太平經合校》，頁725；類似的一段又可見頁222。

47　應當注意的是，此句未見於嵇康的〈養生論〉，而見於附在嵇康原作之
　　後的向秀〈難養生論〉中。這一事實或許能解釋爲什麼葛洪沒能將兩者
　　區分開來（見《嵇康集》，頁53；Holzman, p. 95）。

48　《抱朴子內篇》，卷3，頁33-34。

讀者若不細心，可能無法察覺這一整段是對嵇康的駁難。葛洪早年淹於儒典，晚入道教成爲忠實弟子[49]，儘管在評騭社會政治事務時他的內心深處仍是個眞正的儒家[50]。正是作爲道教徒的葛洪維護了傳統道教的立場，反對將求仙與養生分開，而視養生爲成仙的一種途徑[51]。因此，他通過提出所有人無論出身，在求仙上平等的理論，使見於《太平經》的積學可成仙的早期道教觀念激發出新的活力並得到完善[52]。從道教的角度看，如果我們應用黑格爾的辯證法，《太平經》中所出現的較早的觀點可以視爲正題，嵇康的批評是反題，而葛洪對舊說的修訂與新解是合題。從它們出現的時間先後看，上述三種關於不死成仙的理論的確體現了一種發展的過程，這種過程在思想史上並非罕見，因而不應該割裂開來，彷彿諸說間相互全然無關。但是，從另一角度觀察，我們也許會用整個的發展

49　《抱朴子外篇》，卷50，特別是頁814-815。

50　這就是爲什麼他要把基於正統儒家原理而作的社會批判編入《抱朴子》的外篇，而把意在傳播各種道教信仰，尤其是重視求仙編入內篇。見《抱朴子外篇》，卷50，頁828；對葛洪思想的公允概述，見侯外廬等《中國思想通史》，卷2，第二部分，第十七章，頁770-845。

51　參見村上嘉實：《中國的仙人》，頁160-176。

52　葛洪斷言「仙人之無種」，《抱朴子內篇》，卷5，頁87。亦參村上嘉實前引書，頁7-8。但是葛洪在此點上並非總是一以貫之，由於他受到流俗的影響，有時他也採取聽天由命的立場。例如，他相信命屬生星者將自然向道，而由於他們向道，故一旦求仙，他們便能成仙。另一方面，命屬死星者將不相信成仙，而由於不信，他們自然一無所成（《抱朴子內篇》，卷7，頁119）。在另一處又提出，仙人的身體構成與凡人相異。如葛洪講：「無神仙之骨，亦不可得見此道也。」（《抱朴子內篇》，卷四，頁60）這種前後不一，不僅反映了漢代一些流行信條（如《論衡集解》中的「骨相」篇與「初稟」篇，頁52-61；Forke, Part I, chap.7, "Heaven's Original Gift," pp. 130-135和chap. 24, "On Anthroposoopy," pp. 304-312）的影響，而且可能在一定程度上反映了社會尺度上的貴族立場（參侯外廬等《中國思想通史》，卷2，第五章，頁795-798）。

來說明士人修行的養生術與構成漢代道教主體的求仙風尚之間的基本差異，即前者的修煉者以長壽作為其終極目標，或更為精確地說，有限地益壽至數百歲；而後者的追隨者目標更為高遠，他們所渴望成就的至少是世間生命的無限延續，通過升至更高的境地而全無死亡之擾。不用說，兩者的區別不應估計過高。如前所示，就像養生術與求仙均多少採用相似的辦法來達到各自的目標這一事實所體現的，兩者亦有其共同之處。不過，說道教仙人輕視士人孜孜以求的長壽或有限益壽是不真實的。如後文將要指出的，恰恰相反。而將所有修煉養生術的士人，當然，有些例外，描繪成理性十足而全然拋棄流行的成仙信仰也是不公平的。所有問題只是強調的側重而已。這裡我們特別希望強調的是，雖然它們兩者毫無疑義地顯示出一種對於生命的廣泛共同的態度，這種態度頗行於世，但可能是緣於與宗教關係較疏遠的事實，比起求仙來，養生術似乎帶有一種更加入世的特點[53]。儘管神仙道徒盡其所能來使其虛幻的天堂人間化並讓仙人模仿世人，但求仙在性質上基本是宗教性的，因而它不能完全擺脫某種彼世色彩，因為入世甚如道教那樣的宗教猶不得不創立其天堂。而且在道教的天堂裡，即使不是全部，大多數仙人擁有其永久的居所。在這種意義上，只有通過最終脫離人間，求仙才能完成。這部分解釋了為何「度世」如此頻繁地被神仙道教徒使用以表明成仙；另一方面，可能來自士人階層的修習養生者首要關心世間的延年益壽與人生享樂；他們視死亡為不可避免的事實，他們

53　例如我們沒有證據說，像王充與仲長統這樣的養生術修行者有什麼宗教背景。而嵇康，雖然據《晉書》本傳(49：12a)，我們相信他有一些神秘的體驗(參Holzlman, *La Vio et la pensee de Hi K"ang*, p. 45)，但他「神仙非積學可致」的理論，使得他不太像與道教有什麼關係。

所做的旨在盡可能地推遲死亡的到來而非拒絕它。由於熱切求仙的
幻想破滅,相當數量的士人開始更加現實與勇敢地正視人生。他們
認識到仙人屬於另類,不僅異於常人,而且非常人所能輕易接近,
故將精力與興趣轉到新的方向。因而他們養生以期益壽只求延長到
他們可以享受的歲數;他們的這種做法喚醒或強化了西漢早期尤其
盛行的享樂主義的傳統[54]。例如,大儒馬融(79-166年)不僅接受個
人生活比整個世間更值得珍視的道家哲學,而且實際上沈迷於世間
的各種享樂來踐行那種哲學[55]。成仙幻想的普遍破滅可能最好地體
現在西元二、三世紀的詩歌中。一些例子就足以說明問題。趙壹有
一次哀歎:

> 河清不可俟,人命不可延。[56]

同樣的感覺亦為一佚名詩人所體會到:

> 人生非金石,豈能長壽考![57]

---

54 關於西漢的享樂主義及其與養生術、成仙的關係,見津田左右吉,《道
家の思想》,第五部分,第二章,頁638-666;金谷治,〈漢初の道家
思潮〉,《東北大學文學部研究年報》,9(1958),特別是頁57-67。

55 《後漢書》,卷90上,頁7a。

56 丁福保,《全漢詩》,卷2,頁42(《全漢三國晉南北朝詩》本,[北
京:中華書局,1959],冊一)。

57 同上,頁56。Arthur Waley譯本, *170 Chinese Poems*, New York, 1919,
p. 64.此詩與其他18首詩在中國文學史上以「古詩十九首」而聞名,它
們首次被收集編入《文選》卷29〈雜詩〉上。關於其作者與時代爭論
頗多,但多數學者似乎贊同它們撰於東漢末。見俞平伯,〈古詩明月
皎夜光辨〉,《清華學報》,卷11,第3號,1936年6月,特別是頁
720-721;錢穆,〈讀文選〉,《新亞學報》,卷3,第2期,1958年8

但是在另一首詩中，同一詩人以更加積極的筆調規勸時人：

> 服食求神仙，多爲藥所誤；不如飲美酒，被服紈與素。[58]

此主題亦出現在曹丕的詩中。其詩云：

> 壽命非松喬，誰能得神仙；遨遊快心意，保己終百年。[59]

從某種觀點看，曹丕最後幾句詩的意義極爲重要。它們表明，一方面此時士人的養生已與人生享樂緊密交織，而另一方面，神仙已被視爲擁有一些獨特超常的自然稟賦而爲常人所無法企及——這是嵇康神仙非積學可致的理論的先聲[60]。在結束養生話題之前，讓我們再舉一例。如我們已經見到的，沈溺於養生術的仲長統將延年益壽爲什麼首先是可欲與可求的表達得十分明白。他在〈樂志論〉或〈卜居論〉中提出他的人生理想——對他自己以及同輩與晚輩士人整體——可以說是以內在的個人主義爲特徵的。這種內在個人主義

(續)───────────────

　　月，特別是頁10-14。最近吉川幸次郎在名爲〈推移の悲哀〉的長文中分析了古詩十九首的文學思想，《中國文學報》，第10卷(1959年4月)，頁1-16，第12卷(1960年4月)，頁1-18；第14卷(1961年4月)，頁1-21。

58　丁福保，《全漢詩》，卷3，頁56；Waley, *170 Chinese Poems*, p. 66. 頭兩行被容肇祖用於說明東漢時的求仙，見《魏晉的自然主義》的附錄〈說魏晉之方士〉(上海，1935)，頁147-148。

59　丁福保，《全三國詩》卷1，頁132。

60　我們發現，這一時期的許多士人傾心於老莊哲學，但卻未必捲入求仙。陳寅恪先生認爲作爲一條規律，陶潛以前的大多數舊自然主義流派，如玄學中的士人都沈迷於求仙，而嵇康是例外。這一提法看來需要修正。見〈陶淵明之思想與清談之關係〉，頁43。

的組成部分包括：一、居所景色優美；二、財力雄厚以保證奢侈的家庭內外生活；三、通過文藝品味體現精緻文化；四、益壽延年；五、隱退官場[61]。稱它是內在的，是因爲此種理想傾向於發現人自身的價值；說它是個人主義的，是因爲在其中儒家所強調的社會秩序不再起任何作用。人被告誡不要去關心任何外在事務，如官府的廉正、道德水平的提升等；相反，迫切要做的是及時行樂以減輕身心痛苦。據說他有如下的看法，即在漢代備受珍視的仕途上的名利是過眼煙雲，而人生苦短，人應當遍享世間快樂以享受人生[62]。因而甚至僅仲長統的事例就能清楚地顯示：追求益壽延年是爲了享受人生，而剔除了宗教熱情，這部分是士人發現個體與世間的結果。這也是我們一定不能在同一層面簡單看待求仙與養生術的原因之一。

三、人的「命」與「壽」

現在我們可以去切近看看長壽的觀念。通過養生而獲得長壽是以人類生命預期(壽)的拓展爲先決條件的。此前提自然導致漢代的另一重要問題，即「命」的問題。因爲命與壽彼此密切相關，在現存多數漢代著作中總是將它們相提並論。

首先，我們可以舉出漢代關於「命」的一種一般的說法。據《白虎通》，有三種不同的命：

61　《後漢書》，卷79，頁6a-b。更充分的討論見拙文，《新亞學報》，第4
　　卷第1期，頁64-83。
62　《後漢書》，卷79，頁6a。

> 命者，何謂也？人之壽也。天命已使生者也。命有三科
> 以記驗：有壽命以保度[63]，有遭命以遇暴，有隨命以應
> 行。[64]

這種人命三分說在漢代著作家中贏得普遍的認可[65]。王充的《論
衡》對三種不同「命」做了明晰區分：

> 傳曰：「說命有三：一曰正命，二曰隨命，三曰遭命。」
> 正命，謂本稟之自得吉也。性然骨善，故不假操行以求福
> 而吉自至，故曰正命。隨命者，戮力操行而吉福至，縱情
> 施欲而凶禍到，故曰隨命。遭命者，行善得惡，非所冀
> 望，逢遭於外而得凶禍，故曰遭命。[66]

因為此說幾乎窮盡了人類所有境遇變化的可能性，故有大量空間可
供人們去自由解釋，或為了各自的目的強調三者中的某一特別側
面。但應當注意的是，三命中只有壽命或正命與隨命真正重要，因
為遭命主要被認為是一種偏離，因而能夠用與前者或後者的聯繫來

---

63 在《禮記注疏》所引的〈援神契〉中，有「保度」或「保慶」，十三經
    注疏本(1739)，卷46，頁15b。這裡引用《中國哲學史資料選輯》(北京，
    1960)「兩漢之部」中的白話翻譯，頁460。

64 《白虎通》(陳立《白虎通疏證》本，1875)，卷8，頁27a-b；只有「保
    度」一詞我用了曾珠森博士的翻譯，Tjan Tjoe Som, *Po Hu T'ung, The
    Comprehensive Discussions in the White Tiger Hall* (Leiden, 1952), vol. II ,
    p. 572.

65 見陳立的注，《白虎通疏證》，卷8，頁27b；孫人和，《論衡舉正》，
    卷1，頁4a-5a；黃暉，《論衡校釋》(長沙，1938)，卷1，頁46-47。

66 《論衡集解》，頁25-26；Forke, I, 138-139.

解釋[67]。一般說來,強調正命的人似乎對生活持聽天由命的觀點,而突出隨命重要性的人則傾向於相信通過人的努力可益壽。讓我們舉些例子。

趙岐(卒於西元201年)在《孟子注》中區分三命如下:

> 人之終無非命也。命有三名:行善得善曰受命[68],行善得惡曰遭命,行惡得惡曰隨命。[69]

顯然,在這段中,或許除了遭命為例外,趙岐幾乎是將人類行為作為人命形成的決定性因素,而遭命按照定義則超出人力所及。趙岐與王充的主要差別似乎在於他界定受命的方式。對王充來說,命只是人的稟性的結果,無論人的行為善惡,稟性依舊;但對趙岐來說,人的行為無疑會影響其命[70]。

王符是另一位凸出人的行為在決定其命上有重要意義的漢代學

67　例如像王充這樣的宿命論者,甚至認為遭命也是命中注定的。他曾講:
　　「遭命者,初稟氣時遭凶惡也。」(《論衡集解》,頁27;參Forke, I:
　　pp. 140-141.)應該指出的是,王充也以重大命運來解釋遭命,在重大命
　　運中所有個人的小命無助地被顛覆。因為在他看來,不僅個人有命,國
　　家也據說有命。國遭大災時,所有臣民無論其個人之命如何好,也均同
　　受其殃。這便是他所說「國命勝人命」之意(《論衡集解》,頁23;
　　Forke, I, p. 137)。

68　據孫人和的解釋,受命、壽命、正命是可以互換的用語(《論衡舉
　　正》,卷1,頁4a)。

69　趙岐,《孟子注》(四部叢刊初編縮本),卷13,頁105。

70　陳立(《白虎通疏證》,卷8,頁27b)與孫人和(《論衡舉正》,卷1,頁
　　5a)指出,趙岐的隨命與傳統的正統觀點稍有不同。但黃暉(《論衡校
　　釋》,卷2,頁47)認為,王衡的隨命說有點偏離當時的通行看法。我們
　　無需介入該爭論,只需說雖然王充與趙岐兩人均談到同樣的三命說,但
　　他們各有側重就足夠了。

者。他說：

> 凡人吉凶，以行爲主，以命爲決。行者，己之質也；命
> 者，天之制也。在於己者，固可爲也；在於天者，不可知
> 也。[71]

顯然，這裡王符視行與命爲支持人生的兩個同等重要的支柱，並力勸我們盡己所能改善我們的「行」而將命留給「天」，因爲對我們來說天不可知。在另一處，他又說「行有招召，命有遭隨」[72]。當其論士人時，「行」甚至被認爲比「命」更爲重要。用他的話說：

> 故論士苟定於志行，勿以遭命，則雖有天下不足以爲重，
> 無所用不足以爲輕。[73]

至此應該清楚，對王符來說，強調的總是人的「行」，這一事實亦解釋了爲何三命中他只提及了隨命與遭命[74]。因爲正命中人的幸運來自命自身，人的努力無法改變。

通過比較，我們幾次在關於「命」的定義時提到王充。現在我們必須去分析他對「命」的種種看法，特別是與壽的關係。在王充看來，人類與所有生命相似，其生命稟氣於天：

---

71 《潛夫論》卷6，〈巫列〉篇，汪繼培箋注本（國學基本叢書本，長沙，1939），頁177。

72 同上書，卷6，〈卜列〉篇，頁171。

73 同上書，卷1，〈論榮〉篇，頁19。

74 黃暉，《論衡校釋》，卷1，頁26。

天之行，施氣自然也，施氣則物自生。[75]

控制人壽的命[76]是以人稟氣多少為前提的：

凡人稟命有二品，一曰所當觸值之命，二曰強弱壽夭之
命。所當觸值，謂兵燒厭溺也。強壽弱夭，謂稟氣渥薄
也……若夫強弱夭壽，以百為數，不至百者，氣自不足
也。（夫稟氣渥則其體強），體強則其命長；氣薄則其體
弱，體弱則命短。[77]

以此自然主義的宿命論為出發點，王充有力地反駁了隨命說。他論
證說：

壽命修短，皆稟於天，骨法善惡，皆見於體。命當夭折，
雖稟異行，終不得長。[78]

他試圖通過為命相引入另一外在因素，即人性，來解釋為何善行有

75　《論衡集解》，頁230。

76　必須指出「命」所控制的不止是人的壽，例如王充說：「凡人遇偶及遭
　　累害，皆由命也。有死生壽夭之命，亦有貴賤貧富之命。」（《論衡集
　　解》，頁11；英譯據Derk Boode所譯的Fung Yu-lan, *A History of Chinese
　　Philosophy*, Princeton, 1953, vol. II, p. 164)但是在漢代，「命」可能主要
　　指前者，如人之壽，就像前引《白虎通》中的定義所見到的。

77　《論衡集解》，頁16；Forke, I, p. 313.

78　《論衡集解》，頁23；Forke, I, p. 137. 在別處王充強調：「人之死生在於
　　命之天壽，不在行之善惡。」（《論衡集解》，頁99。此篇不是Forke翻
　　譯的）

時甚至帶來惡運：

> 夫性與命異，或性善而命凶，或性惡而命吉。操行善惡
> 者，性也；禍福吉凶者，命也。或行善而得禍，是性善而
> 命凶；或行惡而得福，是性惡而命吉也。[79]

他的敏銳觀察甚至指引他發現隨命與遭命互不相容：

> 言隨命則無遭命，言遭命則無隨命，儒者[80]三命之說，竟
> 何所定？且命在初生，骨表著見。今言隨操行而至，此命
> 在末，不在本也。[81]

或許是由於這種基本的不一致，王充在有關此問題的討論中將隨命
排除為一獨立類別，因而以兩分說取代了三分說，這使我們想起了
王符對正命的論述[82]。

　　與其他思想論題不同，關於命及其與人壽的關係的難題，不僅
喚起了士人的強烈興趣，也激起了粗識書翰，甚至目不識丁的百姓

79　《論衡集解》，頁26；Forke, I, p. 139. 王充認為人性總體上能夠因為教育
　　而改變，指出這點是恰當的。見《論衡》「率性」與「本性」篇（《論
　　衡集解》，頁34-39、62-67；Forke, I, pp. 374-391）。關於王充人性論與
　　其「命」論的關係的簡短討論，可參見田昌五，《王充及其論衡》（北
　　京，1958），頁109-113。

80　Forke簡單地將「儒者」譯為"scholastic"，在這裡似乎不準確，因為如前
　　引《太平經》的論述所清楚顯示的，三命說實際上為大多數漢代正統儒
　　生所稟持。

81　《論衡集解》，頁26-27；Forke, I, p. 140.

82　參見黃暉，《論衡校釋》，卷1，頁26的註釋。

的無窮遐想。欲說明此點,我們必須再度回到《太平經》。

　　儘管不使用正命、隨命與遭命這樣的稱呼,上文討論的所有三種「命」在此書中均有跡可尋。此外,雖然在如何對這三種顯然對立的「命」的相互聯繫給出一個滿意的解釋,像王充、王符與趙岐這樣的漢代思想家勞而無功,有時他們發現只強調一種「命」而不計其餘乃是權宜之計;《太平經》卻成功地使它們成爲普遍的人命說中可調和的組成部分。

　　首先,有正命。人生的短長是預先注定的:

　　　人有貴賤,壽命有長短。各稟命六甲。[83]

人出生以前,就有主命的天神在簿籍上寫下該人生死的歲月日時[84]。這表明,至少早在後漢時期,作爲一種教義上的信條,人壽已預定於命的民間信仰已融入道教中。《抱朴子》中的一段話可能將這一點說得更爲清楚:

　　　凡人之受命得壽,自有本數,數本多者,則紀算難盡而遲
　　　死,若所稟本少而所犯者多,則紀算速盡而早死。[85]

至此,與隨命有關的不少問題已經被提出來。但是,在我們涉足它們之前,還有一個關於正命的觀點必須涉及,即在可稱爲正命情況

83　《太平經合校》,頁567。
84　《太平經合校》,頁531。
85　《抱朴子內篇》,卷3,頁48。

下，適當的人壽是多少呢？王充以百年為適當的人壽[86]。根據嵇康的〈養生論〉，時人通常以一百二十歲為人生極限。有趣的發現是，嵇康的說法與《太平經》中的一段記載完全吻合，經云：

> 凡人有三壽……上壽一百二十，中壽八十，下壽六十。[87]

因此，自然壽命大約從一百二十到六十歲。活過正命上限者，可以被認為是「度世」，意味著接近不死[88]。另一方面，壽命不及下限者，將被視為或是惡行的結果，或是承負先人罪過的結果[89]。

我們接著要討論的是隨命。如我們已看到的，漢代著作家們常常遇到調和正命與隨命的困難，正命中人壽是預先注定的且不受隨後變動的影響，而隨命中人壽總是根據個人的善惡行為加以調整。多數情況下他們發現只偏向某一命而忽略另一命乃權宜之計；但是在《太平經》中情況就截然不同。在超自然力量介入與其他巧妙手段的佐助下，《太平經》非常巧妙地使兩命相互配合。

86　《論衡集解》，頁17、18、27；Forke, I, p. 314, 316, 140.

87　《太平經合校》，頁22-23；略有差異的提法，以及對這些數字意義的一些討論，亦見頁464-466。應當指出，「三壽」這一關於人壽三種長度的著名說法歷史悠久。像中壽這樣的提法在《左傳》中有跡可尋(見洪亮吉，《春秋左傳詁》，卷2，頁60；關於三壽的不同說法，見洪亮吉的注釋)。三壽說出現很早，甚至《詩經》與周代金文中也可見到(見徐中舒，《金文嘏辭釋例》，頁18-20)。

88　《太平經合校》，頁23。這是一個表明長生不死觀念與長壽觀念的區別有些趨於模糊的例子。

89　《太平經合校》，頁23。關於「承負」概念的簡短討論，見Lien-sheng Yang，"The Concept of 'Pao' as a Basis for Social Relation in China," p. 299. 亦參湯用彤，〈讀太平經〉，頁28；大淵忍爾，〈太平經の思想について〉，《東洋學報》，28:4(1941年12月)，頁152-155。

　　《太平經》引入諸神作爲事先確定人命包括壽之長短與禍福的力量，在書中一般稱爲「命籍」，來取代王充對預定的人壽的唯物主義解釋[90]。因爲是諸神預定人壽，故自然它們也能夠改變它，這裡報應說再次發揮作用。

　　其一般說法是，行善者將被諸神報以益壽，而行惡者將被罰以減壽。「善自命長，惡自命短，何可所疑所怨乎？」[91]《老子想爾注》亦包含如下說法：「道設生以賞善，設死以威惡。」[92]然則何爲善行呢？因爲在《太平經》中種類極多的事務被分爲善惡，全部羅列於此是愚蠢和不必要的。然而，一些最重要的品德被反覆提到並強烈推薦讓人們踐行，其中有忠（對君主或主人）、孝、兄弟和睦、自省、親鄰融洽、誠信等[93]。應當注意的是，這些世間美德與當時儒家頌揚的道德說教實無不同。正是這一事實，似乎證實了思想史家今天所說的觀念自上而下的滲透。

　　至於諸神如何增減人壽，如根據行改變命，一些有趣之點可以討論。第一點是關於道教天府組織。如《太平經》所示，道教天府

90　「命籍」一詞在《太平經》中出現多次(見《太平經合校》，頁602，625)。西文中對此詞的簡短討論，見Maspero, *Le Taoisme,* pp. 46-47. 也有相關的其他詞，如生籍、死籍（《太平經合校》，頁546，602）、長生之錄、不死之籍(同上，頁554)。

91　《太平經合校》，頁525，亦見頁625。像這類說教在《太平經》中隨處可見，沒有讀者會忽視它們。

92　饒宗頤，《老子想爾注》，頁27。

93　《太平經合校》，頁550，參見《六極六竟孝順忠訣》，頁405-409。《玉鈐經》（《抱朴子內篇》所引，卷3，頁48)也凸出了類似的品德作爲求仙的基礎。《太平經》尤其倡導將孝作爲美德教育所有人，這與漢代的一般社會思想非常一致(參傅勤家《中國道教史》，頁73)。不孝之罪自然尤受抨擊，書中有一節專門討論不孝及其後果(見《太平經合校》，頁597-599，「不孝不可久生誡」)。

由眾曹組成，顯然這是當時人間官府的投影。例如，命曹大概受託負責照看命籍[94]，壽曹可能主管因善行而生的增壽[95]。此外，亦有善曹與惡曹，其各自職能是將人的善惡行為記錄在案[96]。人的行為對其壽命的影響是決定性的，據此能使諸神將命由一曹移至另一曹。例如，當諸神見人行善，他們會將其命的記錄移至壽曹[97]。同樣的規則亦適用於其他曹。那些行惡但後來悔過者，能使其名移至善曹，行善者後轉而作惡，則將使其名轉至惡曹。這種將人命在不同曹之間來回轉移的過程，天上從未停止過[98]。

　　第二點涉及計算方法。在前面的引文中我們已經遇到「算」一詞。在漢代賦稅制度中，「算」有時被用作指一百二十錢的計算單位[99]。因此，在西元頭幾個世紀的道教文獻中，將其作為計算人的年齡的單位可能是種借用，這種推測應是可以接受的。據《太平經》有天算可積，若人行善，其算將相應增加[100]；另一方面，若人為惡，諸神將同樣為其減算而縮短其壽。若人為惡不止，直至算盡則死至[101]。同樣的觀念亦出現在《想爾注》中，其中我們找到

94　《太平經合校》，頁526。「命曹」一詞可能也有主管該曹官員的涵義。據6世紀人甄鸞的《笑道論》中所引《三元品》，道教天府共一百二十曹(《廣弘明集》，四部叢刊本，卷九，頁9a)。關於道教天府組織的一個更晚的描述，見Maspero在他的Le Taoisme中翻譯的一段，頁135-136，在頁136提到「曹」這個詞。

95　《太平經合校》，頁546，551。有時也作「長壽之曹」，頁534，602。

96　同上書，頁552。

97　《太平經合校》，頁602，625。

98　同上書，頁552。

99　見如淳對「算賦」的注(《漢書》，卷1上，頁14a)；Nancy Swan Lee, *Food and Money in Ancient China* (Princeton, 1950), p. 368.

100　《太平經合校》，頁464。

101　同上，頁526。

像「算有餘數」[102]這樣的說法。在《抱朴子》所引的一些稍晚的
著作中，這種觀念呈現出一種甚至更爲精緻的形式，如葛洪所稱：

> 天地有司過之神，隨人所犯輕重以奪其算，算減則人貧
> 耗疾病，屢逢憂患，算盡則人死。諸應奪算者，有數百
> 事。[103]

需要澄清的最後一點是關於掌管人命的諸神。在《白虎通》中我們
看到，「滔天則司命舉過」[104]。稱作「司命」的神監督人的行爲
並同時決定人壽的觀念，可以追溯到漢代以前[105]。儘管如此，司

---

102 算有餘數，見饒宗頤《老子想爾注》，頁29，以及頁78所作的簡短而有
　　啓發的討論。《太平經》也有「餘算」（《太平經合校》，頁464）。
103 《抱朴子內篇》，卷6，頁108。可以補充的是，《太平經》沒有告訴我
　　們一「算」的準確含義。但是，葛洪引《易內誡》、《赤松子經》、
　　《河圖記命符》，說一「算」或等於三天或一天。此外，也給出了另一
　　年齡單位「紀」，一「紀」等於三百天（但是，在後來的道教文獻中，
　　不同的作者賦予「算」與「紀」不同的天數。參楊聯陞《老君音誦誡經
　　校釋》，《史語所集刊》，第28本[1956]，頁43）。據說「大者奪紀，
　　小者奪算」（同上）。在別處，葛洪引《玉鈐經‧中篇》云，「行惡事大
　　者司命奪紀，小過奪算」（同上，卷3，頁48）。我在《太平經》中沒能
　　找到「紀」一詞，儘管如此，《太平經》確實說了「小過者減年奪算」
　　（《太平經合校》，頁672）。
104 陳立，《白虎通疏證》，卷8，頁28a；Tjan, *Po Hu Tung*, II, p. 572.
105 「司命」見於《禮記‧祭法》（見《禮記注疏》，卷46，頁14a-b。「大
　　司命」見於春秋晚期的金文〈洹子孟薑壺〉，郭沫若，《兩周金文辭大
　　系圖錄考釋》，第5冊，頁255-256）。傳統認爲屈原所作的《九歌》有
　　「大司命」與「少司命」之篇，爲兩星名。兩篇的英譯可見David
　　Hawkes, *Ch'u Tz'u, The Songs of the South*, Oxford (1959), pp. 39-41. 據說
　　前者定人壽，後者掌禍福（見戴震，《屈原賦注》，國學基本叢書本，
　　卷2，頁18。關於「司命」作爲星名的起源，見聞一多〈司命考〉，收
　　入他的《神話與詩》，頁139-142）。但是，《九歌》是否爲屈原的作

命在百姓中廣爲流行是在漢代。如應劭所證明的，在漢代，司命爲
百姓廣泛祭祀，以致將其刻成人形木偶，居者爲之別作小屋，行者
置篋中隨身攜帶[106]。這一說法得到2世紀的大儒之一鄭玄的證實，
他說當時百姓春秋兩季祭薦司命與其他雜神[107]。那麼司命是誰
呢？對此複雜問題的全面考察顯然超出筆者這裡所能關注的範圍。
但是，就本研究所及的時期而言，司命是掌上述三命之神，可能更
偏重人壽而非禍福[108]。然而，若假定司命是影響人壽短長的唯一
的神將會有所偏失。在漢代，也有其他神負責監督人的行爲並向上
天報告行爲的善惡。據鄭玄的說法，有小神如門神、灶君等居於人
間以察人小過[109]。指出灶君尤與人壽相關，可能是適宜的。例
如，祭灶是李少君獲得長生不老的方法之一，而且他實際上也建議
漢武帝祭灶[110]。甚至下至3世紀末4世紀初，灶君仍被相信爲是上
天向司命報告人的過錯的諸神之一[111]。因此，雖或通常只有一位
稱作司命的神掌人壽，但似乎必有眾多神爲其左右乃至僚屬，以受
其驅使[112]。

（續）————————————————

　　品，現代持肯定與質疑者嚴重分歧。有人認爲是漢代的作品（對此爭論
　　有興趣的讀者可參考James R. Hightower在其論文"Ch'u Yuan Studies"末
　　所附的相當完備的書目，頁213-221，尤其是頁218-219的第四節，關於
　　《九歌》的論文列於此）。《史記》卷28，頁9a（Watson, II, p. 32）記載，
　　晉荊地區巫祭祀司命。這可能反映了漢初情形，或者有更早的源頭。

106 《風俗通義》，卷8，頁9b-10a。

107 《禮記注疏》，卷46，頁15a。

108 據鄭玄《禮記注疏》（卷46，頁14b），司命的職責是監督三命。三命如
　　我們所見，首要涵義是人壽長短。

109 《禮記注疏》，卷46，頁14b。

110 《史記》，卷28，頁11a。

111 《抱朴子內篇》，卷6，頁108。

112 Welch先生的The Parting of the Way中講：「灶神將成爲道教的大神之
　　一。他以司命的名義通過向天建議保存命籍。到3世紀，他已在房屋中

此外，司命一詞有時泛指「掌人命」而非特定的司命神。因此人體內亦有稱作「司命」的神，它切近地監視人的一舉一動並決定人壽。《太平經》云：

> 爲善亦神自知之，惡亦神自知之。非爲他神，乃身中神也。夫言語自從心腹中出，傍人反得知之，是身中神告也。故端神靖身，乃治之本也，壽之徵也。[113]

在另一處，該經又云：

> 人壽從中出，不在他人。故言司命，近在胸心，不離人遠，司人是非。有過輒退，何有失時，輒減人年命。[114]

（續）

獲得一竈位，甚至今天，灶神仍爲幾乎所有的中國家庭所祭祀，每年新年當他上天向玉皇大帝報告時，人們向他設祭供獻。」（p.100；亦參他的 "Syncretism in the Early Taoism Movement," p.13）

我不太肯定灶神是否就是司命。應劭的《風俗通義》（卷8，頁4a-b）也有一段述及灶神，似乎反映出接近東漢末年時，灶神與司命還無任何關係。據《抱朴子內篇》（卷6，頁108）的說法，4世紀初之神據信是司命手下的小神，因爲它要向司命彙報。但後來到北宋時期(960-1126)，老百姓的確視灶神爲司命。例如，據孟元老《東京夢華錄》，開封二十四日交年，都人至夜……帖灶馬於於上，以酒糟塗抹灶門，謂之醉司命（鄧之誠《東京夢華錄註》[北京，1959]，頁257；亦比較頁258鄧之誠的註釋）。但即便是這條材料，也無法保證灶神等於司命。因爲有時「司命」一詞泛指「掌人命」而非「司命神」，例如在《太平經》中我們發現如下句子，「常有六司命神，共議人過失」（《太平經合校》，頁742）。這點將在隨後的討論中看得更清楚。

113 《太平經合校》，頁12。

114 同上，頁600。

　　據《抱朴子》，人體內有名爲「三屍」的無形神靈，它們總想從身體的牢籠中掙脫出來[115]。它們總是希望它們所寄居體內的人早死，以便自己能獲得自由；隨即在庚申日，即六十甲子中的第五十七日，它們向司命彙報人的所有過失[116]。乍一看，人體內有神靈的觀念似乎荒謬；但是，如一些學者所正確指出的，這是道教徒視人體爲小宇宙的錯誤比附的結果[117]。爲了使所有身中神不惹是生非，道徒發明了「內觀」的方法，據信此法使其修煉者看到體內諸神[118]。因此，「內觀」實際上是一種對身中神的反監視，以防止它們離開人體去向司命揭發人的過失。事實若如此，內觀可能亦與道教的另一重要術語「守一」一致，因爲身中神之首「太一」畢竟尤其需要看護或不得離家[119]。因身中神與人壽的長短均密切相關，通過「內觀」或「守一」來善待它們則將使益壽延年變得可能[120]。在《太平經》中，「守一」作爲延年益壽的重要方法尤爲

---

115 「三屍」亦稱「三蟲」。進一步的討論見傅勤家《中國道教史》，頁123-124；Maspero, *Le Taoisme,* p. 99.「三蟲」一詞可見於《太平經合校》，頁378。

116 《抱朴子內篇》，卷6，頁108。比較Maspero, *Le Taoisme,* p. 25。應當指出，這種迷信活動後來與道教一起傳入日本，被稱爲「庚申待ち」，至今仍是一種重要的習俗。日本這方面的權威窪德忠除了許多論文外，還出版了兩部重要著作：一、《庚申信仰》（東京，1956）；二、《庚申信仰の研究》（1961）。

117 傅勤家，《中國道教史》，頁106。參Welch, "Synoretism in Early Taoism Movement," p. 21; *The Parting of the Way*, p.106.

118 關於「內觀」更爲細緻的討論，見Maspero, *Le Taoisme,* p. 37-38；亦參Welch, *The Parting of the Way*, pp. 108-109, 特別是注釋8與 "Synoretism in Early Taoism Movement," p. 21.

119 參*Maspero, Le Taoisme,* p. 37.

120 關於「內觀」與「守一」作爲養神的類似方法的一般討論，見Maspero, *Le Taoisme*, Chapter II, pp. 25-41. Welch先生在其文 "Synoretism in Early Taoism Movement"的注釋98，指出Maspero書中的一個矛盾：

凸出,如它所明確敘述的「守一者延命」[121]。在由專家收集的該經佚文中,我們見到:

> 守一之法,老而更少,髮白更黑,齒落更生。守之一月,增壽一年;兩月,二年;以次而增之。[122]

且「子欲養生,守一最壽……」[123]。現在讓我們離開道教的

(續)————————

「Maspero在 *Le Taoisme*, p. 25説:『身體内的神(gods)與靈(spirits)不停努力離開人體;而離開導致死亡。』p. 99他又否認此點:「人體内的靈(spirits)使人活著。」(p. 46)

公正地對待Maspero先生,應當注意到,彙集在《道藏》中的大量道教文獻充滿了矛盾與迷惑,對專家而言,要一一釐清這些矛盾需要相當長的歲月。因此就目前的研究狀況,在細節上找到一個像Maspero先生這樣的學術先驅的錯誤,可能是預料中的。不過,關於内在的神靈(interior gods and spirits)與人壽關係的問題,我們可以作如下的一般區分:内的神(gods)對人壽是有益的,而離去意味著死亡。例如《太平經》講,不善養身,為諸神所咎,神叛人去,身安得善乎(《太平經合校》,頁12)。似乎人一旦有惡行或惡念,内在的神便想離開身體。另一方面,靈(spirits),無論是「三屍」還是「三蟲」,總是急於摧毀禁錮它們的人體。因此,如果人能掉靈,則其姓名將從死曹移至壽曹(見傅勤家,《中國道教史》,頁124)。換言之,體内若無破壞性的靈,人就能長壽。這便清楚,體内的神與靈雖與人壽都有關,但它們影響人壽的方式卻相當不同。因此,内在的神與靈決不能同樣對待,因為前者是我們精神上的朋友或護衛,而後者則是敵人。一方面,我們應該以友好的方式與前者同在,並盡可能行善事,另一方面,我們要通過認真的自我修養來努力消除後者的詛咒。按照這樣的理解,我感到Maspero先生的問題只是沒有區分内在的神與内在的靈。而且,恐怕同樣的問題在Welch先生那裡一點也不少。

121 《太平經合校》,頁13。
122 同上,頁740。
123 同上,頁61注16。亦參福井康順《道教の基礎的研究》中關於「守一」一詞的討論(東京,1952),頁80-81。

老生常談，去看看「內觀」、「守一」之類[124]的術語到底指什麼。如近乎所有現代學者表示贊同的，這些術語的意義不過是冥想、凝思或集中心思[125]。當然，人通過這樣的精神操練能夠控制所有身中神，從而可以益壽，這一想法帶有點神祕主義。但是，從對人的精神意識的現代研究角度看，可以用自我的純化過程來理解

---

124 還有其他的道教術語，如「坐忘」或「存思」，似乎也是指多少有點相似的精神練習。參Maspero, *Le Taoisme*, pp. 141-144.

125 湯用彤認為「守一」是指心思集中，如他所說，它可能來自佛教術語dhyana(禪)(見《讀太平經》，頁29-30；《佛教史》，頁109-111)。饒宗頤贊成守一與禪可以互訓，但他正確地指出，漢魏時期漢譯佛經中的「守一」一詞是從道教著作中借來比附佛教概念「禪」的(《想爾注》，頁65)。與此相關應注意到，饒宗頤在追溯道教文獻中的「守一」觀念的發展時，沒有注意這個觀念在《想爾注》中被賦予了一種與包括《太平經》在內的多數道教著作中的傳統解釋尖銳矛盾的意思。據《想爾注》，「守一」的意思只是遵從或奉行道教教義或戒條(同上，頁13。關於「誡」，見饒宗頤，頁61-62的註釋。誡可以譯成道教的「律」viyana, 參見陳寅恪，〈崔浩與寇謙之〉，《嶺南學報》第11卷第1期(1950)，頁121；楊聯陞，《老君音誦誡經校釋》，頁19-20)。《想爾注》進一步指出「一」不在人體內，並攻擊那些將「一」等同於臟腑(五內神)與修行冥想求福的道徒為沈溺於「偽伎」(頁13)。陳世驤鑑別出《想爾注》所可能針對的一些道教著作片段，其說須予肯定(《想爾老子道經敦煌殘卷論證》，頁55-56)。但是如果能不過分地從字面解釋《想爾注》，則我們會發現《想爾注》的一些批評也可能是針對《太平經》的。例如，如我們所見，《太平經》中的「守一」的確是指一種冥想或凝思，且《太平經》也說「一」在體內並等同於臟腑一部分的心臟(《太平經合校》，頁13)，這似乎表明饒先生認為《想爾注》中的「守一」觀念取自《太平經》不一定正確。
日本研究中國道教的專家大淵忍爾甚至認為，冥想具有為修行者帶來長壽和其他善果的重要作用，這是《太平經》的獨特觀念之一(《太平經の來歷について》，頁634-637)。在西方學者中，Maspero視「守一」「不過是凝神冥思」，它將導致「內觀」(*Le Taoisme*, p. 37)，而Zurcher將同一術語譯為「心靈集中」(mental concentration)(*The Buddhist Conquest of China*, vol. I, p. 37).

道教的精神法術，在這一過程中，將所有的罪過從人的靈魂深處清除出去[126]。例如，根據一些道徒的說法，人體內的「三屍」或「三蟲」不停地侵蝕人體，因此，人如欲長壽必須首先消滅它們。我們被告知應該採取一些措施，如在所有庚申日辟穀、禁欲、不睡等[127]。如我們現在所理解的，無論其宗教、性格或種族如何，這只不過是禁欲苦行、滌罪的積極方面，是任何神秘主義者都不可能逃避的一種體驗[128]。當然，實際導致長壽的究竟是純化還是滌罪，這是另一個問題。儘管如此，在神秘主義的歷史中，這類身體折磨與長壽之間似乎存在著獨特的聯繫。甚至歐洲中世紀的神秘主義者們——對他們而言，長壽決非自我滌罪的目的——壽命過長，足以致使生理學派的批評陷入尷尬境地。「從出名的迷狂者(ecstatics)中舉出一些事例，聖希爾德加德斯(Hildegards)活到八十一歲，馬格德堡(Magdebury)的米切西爾德(Mechthild)八十七，魯艾思布羅克(Ruysbroeck)八十八，薩索(Suso)七十，聖德肋撒(Theresa)六十七，熱那亞(Genoa)的聖凱瑟琳(Catherine)與奧爾坎塔拉(Alcantara)的聖彼特(Peter)六十三，似乎在可能使普通人殘廢的條件下，作為投向神秘的回報，增大的生命使他們戰勝身體上的

---

126 關於自我滌罪的各方面討論，見Evelyn Underhill, *Mysticism* (Meridian Books, ed., 1955), part II, chapter III, pp. 198-231. de Groot用高度概括的術語正確地指出，在道教看來，延年益壽的一個有效辦法就是淨神 (perfection of soul)。如他所說，「因生命包含神，故可用淨神來益壽。這種淨化導致神聖，當然也是品德修養的一個結果。」(J. J. de Groot, *Religion in China. Universism: A Key to the Study of Taoism and Confucianism*. New York, 1912, p. 143.)

127 傅勤家，《中國道教史》，頁123-124；亦參Maspero, *Le Taoisme*, pp. 98-100.

128 Evelyn Underhill, *Mysticism*, p. 226.

殘疾，生活並做需要他們做的工作。」[129]因此，這些西方神秘主義的類似事例使得認爲身中神監視人的行爲並控制其壽命長短的似乎完全荒謬的說法變得有意義。而且剝去道教精神操練的神秘外衣，無論稱作「內觀」，還是「守一」或別的，它很可能被視爲養生術民間的與宗教的對應物。這或許也解釋了爲什麼《太平經》實際上將「守一」與養生益壽相提並論。由前面的分析可以肯定，甚至早到東漢時期，「司命」的觀念已然充滿了自我滌罪的神秘體驗的意思，而絕不應只理解爲一個神的稱呼。而且只有通過這樣理解，我們才有希望觸及道教隨命說的內在與深奧層面。

最後，關於遭命還有幾句話必須要說。如剛才所見，漢代思想家關於三命相對重要性的看法分歧甚大。使他們都感到疑惑的最大困難是如何調和遭命與其他兩命，尤其是隨命，因爲正是有人行善亦遭殃的事例實際上推翻了人壽短長因其行爲而增減的說法。但是，在「承負」說的幫助下，《太平經》巧妙地避免了這一難題。如該書所云：

> 凡人之行，或有力行善，反常得惡，或有力行惡，反得善……力行善反得惡者，是承負先人之過，流災前後積來害此人也。其行惡反得善者，是先人深有積畜大功，來流及此人也。能行大功萬萬倍之，先人雖有餘殃，不能及此人也。[130]

如此解釋遭命，不僅根據本人的行爲，也要根據先人的「業」——

---

129 *Mysticism*, p. 62.
130 《太平經合校》，頁22。

借用一個佛教術語。對遭命作如此新穎的界定,使之與正命與隨命相互補充而非相互衝突,更重要的是它也將整個三命說置於一個邏輯更為連貫的基礎之上。

借助結論,我們可以總結一些本章討論的有趣之點。首先,此時的此世精神在普遍的求長壽中表現得極為鮮明。士人與百姓均努力盡可能延長他們逗留世間的時間,儘管他們的方法略有不同。其次,接近東漢末年時,士人的養生術與民間求仙間的差別變得更加易於辨別。這部分是士人方面理性與現實主義勝利(從在世間尋求不朽存在的幻想中驚醒的意義上)的結果。另一方面,甚至在民間層面,重點似乎逐漸從求仙轉移到求長壽。因此,《太平經》毫不猶豫地承認這個事實:

> 夫度去者,萬未有一人;大壽者,千未有一人也;小壽者,百未有一人也;竟其天年者,比是也。[131]

對道教徒來說,接受這個表述得如此直率的樸素事實,的確要有些勇氣。重點的轉移只有結合時代氛圍的背景才能充分理解。

最後但並非最不重要的一點是,求長壽的重點放在人的努力的重要性上特別指示了一種審慎的人文主義,只有在此世精神盛行的世界才能出現並發展這種人文主義。士人中普遍的養生活動第一次明確表達了長壽能夠通過人的努力獲得的觀念。儘管有命說的迷霧,但同樣的想法隱約可見。除了王充以外,此時的普遍觀點已趨於視人命——或依人壽或依禍福——為因人的行為而可變的東西。

---

131 《太平經合校》,頁438。

司命的流行祭祀也傳達出這樣的觀念，即人壽的長短取決於自己，而不是神或任何外在力量。像「內觀」、「守一」這樣的術語，儘管看起來無法理解，卻顯示了一種與養生術並無什麼區別的精神練習[132]。而且，這兩種情況下求長壽顯然都與人的努力聯繫在一起。

---

132 事實上《太平經》也強調養生或養性。《太平經合校》頁54-57實際上講，能達到身與性自養的效果，這是得道的基礎。

第三章
死與神滅的爭論

從前面兩章的討論中，我們已經得到了一些關於漢代「生」的觀念的知識。現在，追隨孔子的教導，我們能夠去檢視此時的死亡觀。死是生的終結；沒有死，生是不完全的。因此，對死亡觀以及相關問題的分析，希望有助於闡明我們對生的觀念的理解。

一、死亡的自然主義態度

泛言之，漢代存在著兩種對立的死亡觀：一是自然主義的，一是迷信的。自然主義的觀點簡單地接受死亡，視之為不可避免的事實，是生命遭遇自然的終點，而且人幾乎無能為力。另一方面，迷信的觀點只視死亡為此世生命的終點，但相信生命甚至在死後會繼續延續。讓我們首先談談自然主義的死亡觀，該觀點不僅在士人中流行，在流行思想中也有一席之地。

在求仙盛行之前，多數中國人視死亡為人無可避免的結局。例如在魯昭公二年(前540)，著名政治家子產表達過這種想法：

人誰不死？[1]

後來大多數先秦哲學家也持同樣的態度。孔子拒絕回答任何關於死的問題。但有一次，他明確表示了他的立場：

自古皆有死，民無信不立。[2]

在道家中只有莊周對生死問題有更多的關注。在《莊子》最後一篇中，道家學派的後學這樣描述他的思想興趣：

死與生與……古之道術有在於是者，莊周聞其風而悅之。[3]

一般認為《莊子・內篇》是莊周的作品，細心的讀者不能不注意到其中隨處可見的關於生死的討論[4]。儘管對莊子而言，人與萬物同為大宇宙所包裹[5]，並且因此生死無別[6]，但其哲學作為一個整體，對後來，特別是漢代的自然主義生死觀的發展有不小的影響。

---

1 《春秋左傳詁》，卷4，頁15。

2 James Legge, *Confucian Analects*, p. 254.

3 《莊子》，卷10，頁19a；James Legge, *The Writings of Kwang-Zze*, part 2, p. 227.

4 據王先謙，所有像「得失」與「來去」之類的概念都被用來隱喻生死。見《莊子集解》，中華書局重印本(北京，1954)，頁29。

5 參錢穆，《莊老通辨》(香港，1957)，頁139-145。

6 為了說明莊子與仙道毫無關係，Creel在"What is Taoism?" p. 147已作了非常細緻的論證。

例如，莊子可能是最早將生死與始終相比較的哲學家 [7]。《莊子》
云：

死生始終將爲晝夜。[8]

這也解釋了爲什麼「死」有時被定義爲休息 [9]。在《呂氏春秋》中
我們讀到：

凡生於天地之間，其必有死。[10]

根據注者高誘的說法，此想法來自《莊子》。
　　下及漢代，死不可免的觀念進一步完善成爲從「有始必有有
終」的普遍規律演繹出來的說法。揚雄可作爲一個例子[11]。用他的
話說：

有生者必有死，有始者必有終，自然之道也。[12]

王充也基於完全同樣的理論基礎抨擊求仙：

7　《莊子》，卷3，頁11a；James Legge, *Confucian Analects*, part 1, p. 252.

8　《莊子》，卷7，頁18b； James Legge, *Confucian Analects*, part 2, p. 48.

9　《莊子》，卷6，頁2a； James Legge, *Confucian Analects*, part 1, p. 365.

10　許維遹，《呂氏春秋集釋》，卷10，頁5a。

11　最近關於揚雄思想較全面的研究，見吳則虞，〈揚雄思想平議〉，《哲
　　學研究》，第6期（1957年12月），頁123-138。

12　《法言》，卷12，頁4b(原著英譯據Derk Bodde譯Fung Yu-lan, *A History of
　　Chinese Philosophy*, vol. 1, p. 149.）

> 有血脈之類，無有不生，生無不死。以其生，故知其死
> 也……死者，生之效；生者，死之驗也。夫有始者必有
> 終，有終者必有死。唯無始終者，乃長生不死。[13]

注意到《太平經》中也可以發現非常相同的說法是十分有趣的。例如，該書云：

> 夫物生者，皆有終盡，人生亦有死，天地之格法也。[14]

　　最後一說無疑是前兩種說法的通俗版本。應該指出，自揚雄以來的「有始有終」的觀念已爲許多學者用作反對求仙的重要論點。例如，下至西元三四世紀，我們仍能見到神仙道徒因爲這一觀點而陷入非常尷尬的境地。人們總是擔心，因爲有始必有終，成仙如何可能[15]。甚至像葛洪這樣的堅定捍衛求仙者，在質疑此觀點作爲普遍規律的有效性上也猶豫不定，而只是論證說所有普遍規律均有例外。因此，儘管人因有生必有死，成仙仍是可能的。[16]

　　但是，死亡的不可避免性只構成自然主義死亡觀的一部分，儘管它是非常重要的一部分。全部問題並非限於此。我們必須按照自然主義的觀點去看看死亡到底意味著什麼。這個問題必然引出另一問題，即什麼是生。因爲儘管生與死事實上從未相遇，但它們在概念上卻不可分。漢代的共同信念是依據「氣」來界定生死。如一部

13　《論衡集解》，頁157；Forke, part I, pp. 349-350.

14　《太平經合校》，頁341。

15　《抱朴子內篇》，卷2，頁11。

16　同上，卷2，頁14。

漢代著作明確地表示：

> 然身何貴也？莫貴於氣，人得氣則生，失氣則死。[17]

　　確實，「氣」這一概念並非漢代思想家的發明，它可以追述到先秦時期，而且含義是多層面的、不斷發展的，因此只能在每個具體事例的恰當語境下才能正確地理解它[18]。「氣」作為生死的決定因素的觀念，其起源也許甚至早於漢代。例如，《莊子》包含了如下的段落：

> 人之生，氣之聚也；聚則為生，散則為死。[19]

類似的表述也見於《管子》：

> 有氣則生，無氣則死。[20]

儘管如此，「氣」的觀念在思想史上扮演特別重要的角色則是在漢

17　《韓詩外傳》，鄂官書處本(1912)，卷8，頁1a；英譯據James R. Hightower, *Han Shih Wai Chuan:Han Ying's Illustrations of the Didatic Application of "The Classic of Songs"* (Harvard, 1952), p. 253.

18　關於中國思想史上此概念各方面的概括性研究，見黑田源次，〈氣〉，《東方宗教》，第1卷，第4-5期(1954年1月)，頁1-40；第7期(1955年2月)，頁16-44。

19　《莊子》，卷7，頁23a；參James Legge, *The Texts of Taoism, The Writtings of Kwang-Zze*, part II, p. 59.

20　《管子》，卷12〈樞言〉，第1冊，頁53。

代[21]。例如，以「氣」解釋生死，直到東漢王充關注這一問題時才得到進一步的完善。據王充說：

> 人之所以生者，精氣也，死而精氣滅。能爲精氣者，血脈也。人死血脈竭，竭而精氣滅，滅而形體朽……氣之生人，猶水之爲冰也。水凝爲冰，氣凝爲人，冰釋爲水，人死復神。[22]

正是這種對「生」的唯物主義理解，必然推動王充得出死是不可避免的及成仙是不可能的結論。他說：

> 人之生，其猶水也。水凝而爲冰，氣積而爲人。冰極一冬而釋，人竟百歲而死。人可令不死，冰可令不釋乎？[23]

因而生死被簡單地定義爲氣的聚散。這也解釋了如上章所討論的，爲什麼王充相信人壽取決於出生時所稟的氣的多少。但是另一方面，用氣解釋生死的說法，同樣也給求仙者與修煉養生術者用來延年益壽的最重要的方法之一提供了一個理論基礎。因爲「生」據信是由氣構成的，人們很自然會想到能夠通過增加體內的氣來獲得長

21 見王明，〈漢代哲學思想中關於原始物質的理論〉，《哲學研究》，1957年第6期，特別是頁140-143。

22 《論衡集解》，頁414；英譯可見Wm, Theodore de Bary, Wing-tsit Chun and Burton Watson eds., *Sources of Chinese Tradition* (New York, 1960), p. 253. 也可參Forke, part I, pp. 191-192. 關於「氣」以及其他相關概念的簡短分析，見鄭文，《王充哲學初探》（人民出版社，1958），頁51-57。

23 《論衡集解》，頁157；Forke, part I, p. 350.

壽乃至成仙。因此，或以「吐故納新」，或以「食氣」[24] 的名義調節呼吸被廣泛認爲能夠產生益壽的效果[25]。

死乃氣散的觀念在漢代關於死的另一著名的界定中也可以辨別出來。據《白虎通》，「死之爲言澌，精氣窮也」[26]。按照漢代著名訓詁學家劉熙的意見，人始氣絕曰死；因此死只是體內氣絕的結果[27]。2世紀的應劭亦將「死」定義爲氣絕[28]。所有這些例子非常清楚地表明了自然主義死亡觀在士人中的流行狀況。

這種自然主義的觀點確實絕非爲士人階層所壟斷。正如能從當時的流行思想中所見到的，它在一定程度上也爲普通百姓所接受。據《太平經》，宇宙由元氣組成，元氣包含三種基本氣：太陽、太陰與中和。太陽產生地，而太陽、太陰相結合的中和則產生人；此外，餘下的元氣生世間萬物[29]。因而人得到生命是陰陽之氣混合的結果[30]。這樣的觀點與《論衡》所說完全吻合：

24　例如，《太平經》云，欲養道者必先食氣（《太平經合校》，頁90）。據《想爾注》，俗人與仙人的區別之一，是前者只食五穀，而後者在無五穀可食時食氣。這是俗人死而仙人不死的原因（饒宗頤，《老子想爾注》，頁28）。

25　見聞一多，〈神仙考〉，頁164-166。關於「食氣」，亦見黑田源次在其〈氣〉(2)的詳細討論，《東方宗教》，第1卷，第7期，頁16-44。

26　《白虎通疏證》，卷11，頁19a；Tjan Tjoo Som, *Po Hu T'ung*, vol. 2, p. 635.

27　《釋名》，四部叢刊本，頁61a。此書是約編於西元2世紀末的字典。見 Nicholas Cleaveland Bodman, *A Linguistic Study of the Shih Ming, Initials and Consonant Clusters* (Harvard,1954), pp. 3-5.

28　《風俗通義》，卷9，頁9a。

29　見王明，〈漢代哲學思想中關於原始物質的理論〉，《哲學研究》，1957年第6期，頁142-143。

30　《太平經合校》，頁305。

　　天地合氣，人偶自生。[31]

以及

　　人未生，在元氣之中，既死，復歸元氣。元氣荒忽，人氣
　　在其中。[32]

關於宇宙起源的自然主義解釋也導致《太平經》將死視為生的自然
終結：

　　人死乃盡滅，盡成灰土，將不復見。[33]

在另一處，《太平經》說：

　　人死魂神以歸天，骨肉以付地。[34]

死後精神與肉體這樣的分裂，一方面是當時的共同信念，即人是陰
氣(地)陽氣(天)結合的產物的邏輯結論，不過另一方面，也可視為
先秦「死」概念的進一步發展。例如據載，西元前515年，吳公子
季劄在葬其子後說：

31　《論衡集解》，頁68；Forke, part 1, p.103.

32　《論衡集解》，頁416；*Sources of Chinese Tradition*, p. 254.亦比較Forke,
　　part 1, p.194.《論衡》中元氣概念的分析見原田正己，〈論衡の一考
　　察〉，《東洋思想研究》，卷5(1954)，特別是頁215-221。

33　《太平經合校》，頁340。

34　同上，頁53。

　　骨肉復歸於土……若魂氣則無不之也，無不之也。[35]

　　應該指出，這裡兩分法已經成型，不過精神與肉體沒有非常嚴格地與天地對應。原因之一可能是在春秋時期陰陽概念尚未呈現出宇宙觀方面的意義[36]。但是在後代，當陰陽五行說開始流行時，同樣的觀念以一種略微不同的形式表現出來：

　　魂氣歸於天，形魄歸於地，故祭求諸陰陽之義也。殷人先求諸陽，周人先求諸陰。[37]

這裡我們非常清楚地看到陰陽在起作用並賦予古老觀念以新的涵義。正是這一晚出的版本在漢代著作家中大行其道。下文只是若干例子。據《淮南子》：

　　夫精神者，所受於天也；而形體者，所稟於地也。故曰：
　　「一生二，二生三，三生萬物，萬物背陰而抱陽。」[38]

35　《禮記》，卷2，〈檀弓上〉，啓明書局本(香港，1955)，頁60；比較de
　　Groot, *The Religious System of China*, vol. 4, p. 5.
36　梁啓超，〈陰陽五行說之來歷〉，《古史辨》，第五冊，頁353-359；
　　錢穆，〈周官著作年代考〉，頁326-328。
37　《禮記》，卷5〈郊特牲〉，頁150；參見de Groot, *The Religious System of
　　China*, vol. 4, pp. 6-7. 對上引《禮記》中的兩段有啓發性的討論，見錢
　　穆，〈中國思想史上之鬼神觀〉(以下簡稱〈鬼神觀〉)，《新亞學
　　報》，第1卷，第1期(1955年8月)，特別是頁8-11。
38　《淮南子》，卷7，頁1b-2a。最後兩句出自《老子》，見Duyvendak, *Tao
　　Te Ching*, p. 99.

漢武帝時的黃老道家楊王孫在給友人的回信中，用以下的方式界定
死：

> 夫死者，終生之化，而物之歸者也……且吾聞之，精神者
> 天之有也，形骸者地之有也。精神離形，各歸其眞。[39]

王充進一步證明：

> 人死精神歸天，骸骨歸土。[40]

　　儘管存在萬物皆源於氣的信念，但將人剖分爲精神與形體的觀
念最終引發了神滅的爭論，如我們將要見到的，許多漢代學者捲入
其中。

二、死後生活的流行信仰

　　現在讓我們轉到檢視關於「死」的迷信觀點，這種觀點主要包
括對死後生活的普遍相信。漢代的中國人，類似於中國歷史上許多
其他時期的人，普遍視死爲精神離開軀體或生命由世間轉到來世。
但是在漢代，相信死後存在鬼似乎根深蒂固且流傳極廣。這一事實
或許對於王充嚴厲批評「死」的迷信觀點做了很好的解釋。據《論
衡》，在王充的時代：

39　《漢書》，卷67，頁1a-b；英譯見de Groot, *The Religious System of China*
　　(Leyden, 1892), vol.1, p. 306.
40　《論衡集解》，頁414；Forke, part I , p. 191.

世謂人死爲鬼，有知，能害人。[41]

而且，

人死世謂鬼，鬼象生人之形，見之與人無異。[42]

總而言之，兩段論述可以代表漢代中國關於死後生活的一般想法。因而我們知道，在王充時代的流行觀念中，「死」被定義爲從此世的人轉換爲死後世界的鬼。這裡指出「鬼」字涵義有不同的層面與論題或許有關。從字源上講，「鬼」最初被用來表示一些人形怪獸[43]。在思想史上，至少在漢代，在人的精神與形體返歸各自源頭的意義上，「鬼」被用作它的同音字「歸」的同義字[44]。但在此時，「鬼」最爲流行的意思是死人的魂[45]。

爲了比較，讓我們到更早的時代去追尋「鬼」是死人魂的流行

---

41 《論衡集解》，頁414；Forke, part I, p. 191.

42 《論衡集解》，頁432；Forke, part I, p. 215.

43 見沈兼士，〈鬼字原始意義之試探〉，《國學季刊》，第5卷，第3期（1935），頁45-59。該文的英譯可見*Monumenta Serioa* III, 1(1936), 1-20. 同樣基於訓詁學研究的一種不同的觀點，見池田末利，〈魂魄考〉，《東方宗教》，第1卷，第3期(1953年7月)，頁1-4。

44 例子見《論衡集解》，頁414；Forke, part I, p. 191.亦參錢穆，〈鬼神考〉，特別是頁16-18的討論。應該進一步注意的是，一些漢代學者所秉持的對「鬼」的高度理性主義的定義，非常自然地使我們想起那些飽學柏拉圖哲學的有教養的羅馬人對靈魂的看法。在那些羅馬人看來，死可以定義爲靈魂返歸其本源，或被融入另一靈魂。見Samuel Dill, *Roman Society from Nero to Narous Aurelius* (Meridian Books edition, 1956), p. 498.

45 參見出石誠彥，〈鬼神考〉，《東洋學報》，第22卷，第2期(1935年2月)，特別是頁111。

信仰的來源。「鬼」字見於殷商(前1766？—前1122？)的甲骨。甚至早在商代，「鬼」已帶有「死者魂」的含義[46]。這似乎說明下引《禮記》中所給出的「鬼」定義並非無根之談：

> 人死曰鬼，此五代之所不變也。[47]

墨子在關於精神的著名篇章中，根據一些今天我們已無法讀到的古代著作，將它們的存在甚至追溯到了商朝之前的夏朝[48]。

根據甲骨文，我們知道商人尤其崇拜祖先的魂，他們常常祈求魂的佑助[49]。這一傳統為周人所繼承。如果我們可以根據金文判斷，周人相信魂不滅，周王與貴族甚至相信祖先死後，他們的魂稱作「嚴」或「鬼」，升至天上加入神的行列[50]。此外，周代的魂似乎已呈現出更多的人的特點，而且它們與生者的關係也變得更為複雜。這可以從時人相信魂能夠給人帶來禍福，以及人有時甚至通過莊嚴的誓詞來對魂發誓這樣的事實中看到[51]。

下至春秋時期，要感謝《左傳》，對於魂或鬼的活動我們知道得更多。這一時期，或甚至是中國歷史上，最為知名的例子是鄭國

46 參見沈兼士，〈鬼字原始意義之試探〉，頁57-58；Creel, *The Birth of China*, pp. 177-178.
47 《禮記》，卷8〈祭法〉，頁253。此一論述實際指哪「五代」，說法不一，但這裡對我們沒有影響。我用郭沫若的解釋，見《十批判書》，頁114。關於這一定義的討論，見出石誠彥，〈鬼神考〉，頁108-111。
48 《墨子閒詁》，第二冊，卷6，頁29-31。
49 Creel, *The Birth of China*, p. 178.
50 郭沫若，〈周彝中之傳統思想考〉，《金文叢考》，頁3b-4b。關於「嚴」，見池田末利，〈魂魄考〉，特別是頁1-5。
51 郭沫若，《十批判書》，頁8a-10b。

的卿大夫伯有的鬼向敵人復仇，其敵人在一場政治鬥爭中將伯有驅
逐出鄭並隨後將他殺害。據《左傳》，伯有的鬼在他死後數年返回
鄭國，並事先警告說他將在預定的時間逐個殺死其敵人，後證明所
說果非虛言。鄭人大恐。不過著名政治家子產通過為伯有立後而成
功地安撫了鬼，因而魂能夠按時得到祭祀。魂必有適當歸宿乃是子
產的信條，否則它不會停止為害於人。不過該故事最為重要的部
分，在於下文將提及的西元前535年發生在子產與趙景子之間的對
話。趙景子問子產伯有能否變成「鬼」。子產以下文做答：

> 能。人生始化曰魄，既生魄，陽曰魂。用物精多，則魂
> 魄強，是以有精爽，至於神明。匹夫匹婦強死，其魂魄
> 猶能馮依於人，以為淫厲。況良霄，我先君穆公之冑、
> 子良之孫、子耳之子、敝邑之卿，從政三世矣。鄭雖無
> 腆，抑諺曰：蕞爾國，而三世執其政柄。其用物也弘
> 矣，其取精也多矣，其族又大，所馮厚矣。而強死，能
> 為鬼，不亦宜乎？[52]

這一長段論述提出許多涉及鬼觀念的問題，後文只能分析其中一些
觀念。首先，春秋時期，若人嚴重受冤其魂或鬼會報仇的觀念必定
盛行於世；因為墨子也引用了一些例子，來說明更早的時代與他生
活的時代在蒙受深冤的情況下死者的鬼魂確實會復仇。應該注意的

52　《春秋左傳詁》，第四冊，卷4(昭公七年)，頁43-44。該故事亦見王充
　　的《論衡》，見《論衡集解》，頁427-428；Forke, part I, pp. 208-209. 應
　　當指出，此段有些難點，這裡無法充分討論。我通常遵循Forke的英
　　譯，但在有必要做出不同解釋處，我做了若干重要的改動。我的解釋是
　　基於錢穆教授的研究，見其〈鬼神考〉，頁1-7。

是，這是墨子用來闡明存在有意識的鬼神的重要論點之一[53]。非常雷同的想法持續到漢代。例如據《史記》，西元前130年，由於一些個人紛爭，武安侯田蚡使魏其侯竇嬰與將軍灌夫被誅。次年春，田蚡患病，他無時不在呼喊「謝罪」，並乞求寬恕其罪過。諸巫告知他們見到竇嬰與灌夫的魂守在他的床邊監視他並準備殺死他。不久田蚡死[54]。另一例是呂后之死。因為高祖劉邦(西元前206—前194年在位)曾想立趙王如意為太子，呂后(西元前187—前179年在位)毒死了趙王。此後呂后出行時，她的腋下為蒼犬狀物所咬，該物旋即消失。通過占卜發現，怪獸非它，而是趙王魂為祟。不久她因腋傷而死[55]。

其次，根據子產的解釋，人魂的力量似乎與其生時的物精和家庭背景密切相關；實例是低賤者的魂因而必然將遠弱於貴族的魂。對我而言，這樣的觀點很好地反映了貴族社會中貴族的階級意識[56]。但是，作為嚴格社會階級分化結果的魂之強弱的區分，在

53 《墨子閒詁》，第二冊，卷6，頁21-24。

54 《史記》，卷107，頁7a；Watson, *Records of the Grand Historian of China*, 2:127. 此故事亦見《論衡》，見《論衡集解》，頁433；Forke, part I, p. 217.

55 《史記》，卷8，頁4b；Watson, *Records of the Grand Historian of China*, 1:331。亦比較《論衡集解》，頁433；Forke, part I, p.216. 今鷹真在〈史記にあらわれた司馬遷の因果報應の思想の運命觀〉中指出，《史記》將這樣的鬼神故事收入其中，進一步顯露了司馬遷這位偉大史家根深柢固的信仰，指出這一點是適宜的。見《中國文學報》，第8卷(1958年4月)，頁26-49。

56 一些現代學者似乎將這點推得過遠，認為子產的敘述意味著只有貴族死後才有魂而普通人則沒有(例見方授楚，《墨學源流》[上海，1937]，頁103)。這是相當不可能的。在子產的對話中實際上說到普通人能夠變成魂。由此判斷，甚至早在商代庶民也可能祭祀其祖先的鬼魂(比較Creel, *The Birth of China*, p.178.以及郭沫若，《十批判書》，頁114)。認

漢代沒有得到進一步的強調。或許會懷疑這是否與漢代社會相對開放與自由有關。

第三，子產的說法「鬼有所歸乃不爲厲」也意義重大。就我所知，這可能是最早以「歸」定義「鬼」的事例，儘管後來人們在一個相當不同的意義上理解「歸」的觀念[57]。

子產關於「鬼」的論述提出了另外兩個有意思的問題，也需要考察。第一點與祭祀有關。據《左傳》宣公四年，鄭子文對一個可能殃及其整個宗族的大難而憂心忡忡，他說：

鬼猶求食，若敖氏之鬼不其餒而。[58]

很清楚，子文擔心的是如果敖氏後人沒有人逃過此劫，那將無人享祭宗族的鬼魂。由此例似乎可以斷定，當時人的確將鬼魂實際來享用祭品視爲當然。這一觀念必然起源甚古，因爲證據傾向於說明，甚至早在商代人們已經認爲祭祀是對死者的實際供養[59]。周代一篇金文指出，犧牲獻給王，同樣也獻給鬼魂[60]。基於祭品將實際爲魂所享用，故不應認爲是純粹錢財的浪費的理由，極力倡導節儉的墨子也敦促人們去爲祖先的鬼神提供祭品[61]。

（續）────

　　爲春秋時期鬼的觀念爲貴族所獨享，無法令人信服。

57　後人多以「鬼」等同於諧音字「歸」，見《禮記》，卷8〈祭義〉，頁260；趙善詒，《韓詩外傳補正》（長沙，1938），頁255；《列子集釋》，卷1，頁12；《風俗通義》，卷9，頁9a。

58　《春秋左傳詁》，卷2，頁100。

59　Creel, *The Birth of China*, p. 198-199。

60　郭沫若，《金文叢考》，頁8b-9a。

61　《墨子閒詁》，第二冊，卷8，頁35-36；參方授楚，《墨學源流》，頁104-105；郭沫若，《十批判書》，頁115。

在先秦及後代，只有儒家遵從孔子「祭神如神在」[62]的教導，能夠發展出一種對待祭祀更為理性的觀點。根據孔子的教導，祭祀更是後代紀念的象徵，而非對祖先靈魂的實際供養[63]。

但是，普通百姓不會那樣遵從儒家說教。以漢代為例，人們能與鬼溝通的正常渠道是祭祀[64]。據王充：

世信祭祀……謂死者有知，鬼神飲食，猶相賓客，賓客悅喜，報主人恩矣。[65]

《太平經》也說一些鬼神來食祭品的話[66]。所有這種事例似乎表明，儘管在漢代，儒家作為國家祭祀取得勝利，但儒家關於祭祀「如」的哲學過於高深而在普通百姓的生活中沒有產生什麼實質效果。

另一點涉及鬼神的性質，即鬼是否有變化，這一點重要性雖稍

62　James Legge, *Confucian Analects*, p.159.

63　參錢穆，〈鬼神考〉，頁11-13；胡適，〈說儒〉，收入《胡適論學近著》(上海，1935)，頁76-79。

64　一般的概論見森三樹三郎，〈秦漢に於ける祭祀の統一〉，《東方學報》(京都)，第一部分，第11期(1940年4月)，頁61-89。

65　《論衡集解》，頁508；Forke, part I, p. 509.

66　《太平經合校》，頁52。應該補充的是，由於方士的影響，為了與精魂交通，各種法術亦被使用(參見湯用彤，《佛教史》，上冊，頁52-53)。例如李少君借助鬼神方幫助漢武帝看已故寵妃王夫人的魂(《史記》，卷28，頁12a；Watson譯「方」字為"tales"是不對的，2:41)。東漢時期一位有名的官員欒巴也據說精於役使鬼神的道術。他才任豫章(今江西南昌)太守，便禁止當地破財祭鬼神的淫風(《後漢書》，卷87，頁1b-2a)。這一定是因為欒巴相信他自己有其他花費不多的方式來控制鬼神。方士甚至相信「樂」有交通鬼神的魔力(參見錢穆，〈周官著作年代考〉，特別是頁432-433)。

遜，但同樣有意思。《左傳》中我們找到一例，似乎有「新鬼大，
故鬼小」的看法[67]。注家常將此分別解釋爲成人與小孩的鬼[68]。這
很可能是事實。儘管如此，它也可被當作一種流行信仰的反映，即
隨著時間的推移鬼逐漸縮小，這種可能性還是存在的。這種鬼的觀
念不見於漢代的文獻。但在4世紀早期的一部作品中我們確實找到
一個故事，它告訴我們新鬼比老鬼重許多[69]。儘管這兩個故事可能
相似，但現在我們不必判斷它們是否相互關聯。

　　儘管鬼爲死者靈魂的觀念自商周至漢代不斷完善，約至東漢時
期，關於所有鬼居住的死後世界或陰間的觀念仍然相當不發達[70]。

67　《春秋左傳詁》，第二冊（文公二年），頁66。

68　例見出石誠彥，〈鬼神考〉，頁109。

69　干寶，《搜神記》（上海：商務印書館，1928），卷16，頁122。

70　泰山從具有重要政治與宗教意義的聖地發展爲仙人的居所，並最終成爲
漢代幽都，我們須在這裡加以註釋。
　　自遠古起，泰山就被視爲神人自天降臨之地，因而古代統治者在泰山進
行各種祭祀（詳見福永光司，〈封禪說の形成〉[2]，頁45-51）。秦與西
漢時，泰山首先因秦始皇與漢武帝先後舉行的封禪而獲得崇高地位。如
我們在本書第一章已指出的，至少存在兩種不同的封禪說：一種是儒家
從政治角度的解釋；另一種是方士的宗教性解釋。兩位皇帝主要都是對
尋求不死成仙有興趣，因而祭祀活動依靠方士而非儒生，自然泰山被賦
予了更多宗教與神秘的而非政治的意義。大約從此開始，泰山逐漸變得
與人的死生有關係。儘管如此，在當時正統儒家的著作中，它只被視作
萬物產生之地。如《白虎通》云：
　　　所以必於泰山何？萬物之始，交代之處也。（Tjan Tjoe Som的英譯，
　　　頁239）
同樣的說法亦可見於其他漢代著作，如《風俗通義》（卷10，頁1a-b）。
的確，在這種理解中已有一些陰陽家的思想。認爲泰山擁有創造力的信
念，可能源於它是五嶽最高峰這一事實。另一方面，接近西元前1世紀
末時，在由方士儒家化而轉成的儒生所編造的所謂讖緯中，泰山被描繪
成與人的生死緊密相關的地方。例如在《遁甲開山圖》中我們看到：
　　　泰山在左，亢父在右，亢父知生，梁父主死。（引自顧炎武，《日
　　　知錄》，卷30，頁29a）

(續)

另一部性質類似的名爲《孝經援神契》的著作告訴我們，泰山爲天孫，其職責是召回死鬼，因而它知道人壽的長短(見張華[232-300]，《博物志》，漢魏叢書本，卷1，頁4b所引)。應劭也講當時人們相信有金篋玉策記錄人的壽命長短(《風俗通義》，卷2，頁2a)。從本書已有的討論似乎可以清楚看到，泰山轉變成司命一類的東西，一定是(至少部分是)方士，或更準確地說，是神仙道士努力的結果。這種關係進一步得到許多漢代鏡銘的證實。在這類銘文中，我們常見到像「上太山見仙人」一類的句子(例見Edouard Chavannes, *Le T'ai Chan* [Paris, 1910], pp. 424-425)。在上一例中，泰山被看作是仙人的居所。應當指出，在漢代，仙人通常被認爲是住在高山上的，因而視泰山爲這樣的居所不必奇怪。

至於泰山何時以及如何變成中國的幽都，由於缺乏文獻，我們知之甚少。傳統的中國學者如顧炎武與趙翼(在他的《陔餘叢考》[商務印書館，1957]，卷35，頁751-752)相信這一變化大約發生在西元前1世紀末，或西元1世紀初。在西安(漢代的長安)附近的墓葬中發現的西元175年的陶瓶上，我們讀到如下有趣的句子：

> 死人歸陰，生人歸陽，生人(有)里，死人有鄉，生人屬西長安，死
> 人屬東太山。(引自酒井忠夫，〈太山信仰の研究〉，《史潮》，
> 第7卷，第2期，1937年6月，頁74)

這段文字頗有助於說明我們的問題。首先，這裡陰陽顯然分別指死後世界與人間。它表明此時人們對死後世界已經有明確的想法。其次，長安與太山相對也使得泰山被認爲是幽都乃無庸置疑。這可能是2世紀唯一提到泰山是死者鬼魂前去錄名之處的材料，它與可能是東漢時期佚名詩人的如下詩句完全吻合：

> 齊度遊四方，名繫泰山錄。人間樂未央，忽然歸東嶽。(丁福保，
> 《全後漢詩》，頁76)

據《後漢書》，1世紀末或2世紀初，一位叫許峻的人年輕時去泰山乞求延壽。如果我們相信這個故事，那麼泰山作爲幽都的觀念至少在2世紀一定已經相當流行。不幸的是這一點並未被《太平經》證實。《太平經》提到泰山一次，但只是視之爲「五嶽君長」(《太平經合校》，頁384)，而不是幽都，除非我們將土府或府一類的詞語解釋爲指代泰山，但那是不太可能的。

不過，下至3世紀，死後世界的觀念被詩人和講鬼故事者進一步予以完善。一個似乎特別有意思的故事梗概如下：蔣濟(卒於西元249年)妻一夜夢其亡兒來求助，其子稱，儘管他是官宦之後，但在陰間只做到泰山的「伍伯」並受到極端虐待。時一名爲孫阿者被召爲泰山令，其子希望父母能請求孫阿幫助他換到一較好的職位。蔣濟最終這樣辦了。孫阿聽

因此，關於該觀念我們必須回到《太平經》。

　　據該書，鬼據信居於地下世界，與人間相隔。這一死後世界有時被稱為黃泉[71]。《太平經》中死後生活的觀念需要更多的注意，因為它似乎在一定程度上反映了當時的現世精神與人文精神。

　　切近觀察可以得出一般的印象，即所謂的陰間多少是人間的延

(續)────────────────

　　　到此消息不是害怕而是相當高興，並保證給其子更好的位子。後來孫阿死。一個月後其子再次回家告知他已轉為「錄事」(《三國志‧魏書》，卷14，頁30a-b引《列異傳》)。

　　　關於這一故事我們可以作如下討論：1. 貴族之子能在陰間為伍伯，這與春秋時期的觀念截然不同，春秋時期貴族家的死鬼要比低賤家的死鬼強。這種不同可以部分被認為是將這兩個時代分開的社會變革的結果。2. 使用伍伯與錄事這樣的官吏名稱，表明陰間的官府組織不過是人間官府組織的翻版。3. 活人能夠被召任陰間官員的事實，無論如何表明這兩個世界已然變得非常密切，似乎渾然一體。看到人情在陰間發揮同樣的作用也是有趣的。據說管輅(207-255)說過，他可能要去泰山掌鬼，而不是留在人間管人(《三國志‧魏書》，卷29，頁25b)。因此，管人與掌鬼似乎無甚區別。

　　　由以上討論來判斷，我們可以得出結論，漢代死後世界的觀念緩慢但卻相當自發地發展。至少沒有跡象表明，該觀念是隨佛教傳來而被引入中國的。一個4世紀的故事講，接近漢代末期時，有一人死了，但當泰山司命檢查記錄時，發現此人到陰間只是誤召，因此司命將此人送回人間(《搜神記》，卷15，頁109)。這個故事中的「司命」與「錄」聽來與我們前面討論的道教極其相似。中國死後世界的觀念首先是由漢代的方士創造的，這難道不可能嗎？

71　黃泉觀念非常古老，至少可追溯到西元前8世紀末。例見James Legge, *The Ch'un Ts'ew, with the Tso Chuen in Chinese Classics*(reprint 1939, Hong Kong), vol. V, part 1, p. 6.不過在漢代，該詞更加廣泛地用來稱呼死後世界。例如它在《論衡》(《論衡集解》，頁463)與《太平經》(《太平經合校》，頁279與頁579)中出現多次。非常有意思的是，幾年前在河北出土的一漢墓中時間為西元182年的磚買田券上，我們也發現了「下至黃泉」四字。不幸的是全文損壞嚴重，無法復原。據殘存的可辨識的文字判斷，買田券的目的似乎是劃定墓的邊界，以保證地下死者的平安，這點與後文討論有些聯繫(見《望都二號漢墓》[北京：文物出版社，1959]，頁13，也比較頁20上的圖16)。

伸。據《太平經》，人死，魂魄入陰間，生時的所作所爲將受到審
查，以決定將其名登錄於何處。由於在陰間鬼也要分類，例如有
「遊樂鬼」、「善鬼」與「惡鬼」[72]，陰間也盛行獎罰，尤其凸出
懲罰。《太平經》裡通過惡人早死，其鬼因其惡行在陰間受嚴懲的
告誡，敦促說我們生時要行善。惡鬼所受的苦難將無終結。《太平
經》強調，在陰間只有善鬼是值得追求的[73]。關於死後懲罰的另一
則有趣段落如下：

> 爲惡不止，與死籍相連，傳附土府，藏其形骸，何時敦促
> 復出乎？精魂抱閉，問生時所爲，辭語不同，復見掠治，
> 魂神苦極，是誰之過？[74]

這裡的「土府」一詞很重要，需要搞清楚。在上一章，我們涉
及到了道教「天府」的觀念，並指出它可能是漢代世間政府的投
影。現在「土府」的事例提供給我們另一個性質類似的例子。據
《太平經》，土府的職責是掌死；例如，它取回死者的形骸並調查
精魂。也有一個專門機構，叫「大陰法曹」[75]，它根據承負核查其

---

72 《太平經合校》，頁72-73。
73 同上，頁598-599。
74 同上，頁615。
75 應當指出，曹與土府在後代逐漸隱去，中國流行的死後世界觀念名爲
「陰曹地府」。應進一步注意的是，東漢時期土府的觀念尤其得到道教
徒的完善。例如，「地官」見於五斗米道的著名的「三官」中，另兩個
是「天官」與「水官」（見《三國志·魏書》，卷8，頁22b引《典
略》）。此外，根據與道教此派有關的著作《想爾注》，死是地官管轄
的事。見饒宗頤，《想爾注》，頁22與頁46；亦參頁77-78的作者註
釋。

天算以確定其死期。監視精魂不讓它危害生者也是土府的責任。陰間人文性質更為顯著的是它的地方管理體系，這一管理體系包括府（郡）、縣與郵亭之類分工與屬下[76]。正如一位學者正確指出的，這一體系反映了漢代政治制度[77]。可以肯定地得出結論，總體而言，《太平經》中的陰間觀念與其天府觀念一樣，都是對我們人世間的模仿。

　　漢代來世的人文色彩也能在墓葬藝術與雕刻的發展中覺察出來。學界普遍同意，漢代墓葬圖像藝術的特色在於它生動反映了時代的日常生活[78]。時人，特別是上層人士，享受世間榮華富貴，而將這些世間快樂延伸到來世乃是他們的願望。因此在墓葬的圖像藝術中，盡現他們生前所享受的各種社會生活[79]。漢代墓葬的建築風格也體現了一些人性化的特點，因為它一般是仿自活人的建築風格[80]。陪葬死者的器物日益多樣化是來世觀念朝人性化方向發展的另一個確實標誌。大約始於西漢中期，日常起居必需品，如灶、倉與房屋等的陶製模型開始堆滿墓葬。隨著時間的推移，這類器物的種類日益豐富。例如在東漢的墓葬中，我們發現幾乎所有家禽家畜的陶製模型。與此相對，戰國與西漢早期的墓葬中陪葬的物品就相當簡單。這樣說可能是有理據的，即下至東漢時期，正如從墓葬中陪葬物品的類型所見到的，死後生活已變得完備無缺[81]。死後世

76　《太平經合校》，頁579，這裡假定「府」與「郡」一致。見頁314，321，396。

77　湯用彤，〈讀太平經書所見〉，頁17。

78　見常任俠，《漢畫藝術研究》（上海，1955），頁8。也參見林樹中，〈望都漢墓壁畫的年代〉，《考古通訊》，1958年第4期，頁67。

79　常任俠，《漢畫藝術研究》，頁2。

80　劉志遠，《四川漢代畫像磚藝術》（北京，1958），頁8。

81　見王仲殊，〈漢代物質文化略說〉，《考古通訊》，1956年第1期，頁

界只是人間的延伸。王充通過下面的方式，非常好地解釋了為什麼人們要用那麼多的日常必需品來陪葬死者：

> 謂死如生，閔死獨葬，魂孤無副，丘墓閉藏，穀物乏匱，故作偶人以侍屍柩，多藏食物以歆精魂。[82]

除了以上所述，仍有一些關於死的獨特的道教觀點需要檢視。《太平經》云：

> 凡天下人死亡，非小事也，壹死，終古不得復見天地日月也，脈骨成塗土。死命，重事也。人居天地之間，人人得壹生，不得重生也。重生者獨得道人，死而復生，屍解者耳。是者，天地所私，萬萬未有一人也。故凡人壹死，不復得生也。[83]

該段話至少提出兩個需要進一步分析的重要問題，第一個可稱為「死亡恐怖」，第二個是真死與假死的區別。讓我們依次加以討論。

所謂的「死亡恐怖」，只有與道教強調個體生命聯繫起來才能得到最充分的理解。如本文第一章起始部分所示，在中國思想中，死的問題有時通過變成生命的延續問題而顯示其重要性。《太平經》中獨特的死亡觀念傾向於支持我們的論點。正如所有仔細閱讀

(續)————————————————
　　　　75：《洛陽燒溝漢墓》(科學出版社，1959)，頁241-242。
　82　《論衡集解》，頁461。
　83　《太平經合校》，頁298。

上引段落的讀者或許會同意的，這裡重點強調死是所有人生希望的終點，實際上是強調了人生的價值。因為一旦採納這樣一種悲觀的死亡觀，人們只能相信盡可能地尋求延長生命的必要性。為了帶給人們這樣的堅定信念，《太平經》中的死後生活圖畫被描繪得格外陰森恐怖。例如它說：

> 夫人死者乃盡滅，盡成灰土，將不復見。今人居天地之間，從天地開闢以來，人人各一生，不得再生也……人者，乃中和凡物之長也，而尊且貴，與天地相似；今一死，乃終古窮天畢地，不得復見自名為人也。[84]

此外還說：

> 生為有生氣，見天地日月星宿之明，亡死者當復知有天明時乎？窈冥之中，何有明時？[85]

人只有一生的觀念也意義重大，因為它似乎指出了《太平經》編就時佛教靈魂輪迴的教義尚未流行於中土[86]。

第二，真死與假死的區別在《老子想爾注》中得到清楚的說明，其文如下：

> 道人行備，道神歸之，避世托死過太陰中，復生去為不

---

84 《太平經合校》，頁340。
85 同上，頁598。
86 湯用彤，《讀太平經》，頁27-28；《佛教史》，上冊，頁107。

　　亡，故壽也。俗人無善功，死者屬地官，便爲亡矣。[87]
《想爾注》在另一處又云：

　　俗人不能積善行，死便眞死。[88]

道人能假死而復生的觀念，與《太平經》中所說的「重生者獨得道
人」的「屍解」完全吻合，看到這一點是有趣的。在這個問題上似
乎有必要追述「屍解」說的起源與發展，「屍解」說在道教史上，
特別是在後代占有重要地位。最早提到這一觀念的可能是《史
記》。司馬遷有一次用「爲方仙道，形解銷化，依於鬼神之事」[89]
來描述秦始皇時代來自燕的一些方士如宋毋忌。據西元2世紀服虔
的注釋，所謂「形解銷化」，其意不過是「屍解也」[90]。若此，那
麼「屍解」作爲成仙的一種有效方法必定自其肇端就爲求仙術所支
持。在《史記》中我們讀到：

　　居久之，李少君病死。天子(即漢武帝)以爲化去不死。[91]

馬伯樂以李少君事作爲「屍解」的例子大體正確，儘管它可能不一
定是首例[92]。

87　饒宗頤，《老子想爾注校箋》，頁46。
88　饒宗頤，《老子想爾注校箋》，頁22。
89　《史記》，卷28，頁5b；Watson, *Records of the Grand Historian of China*, 2:25.
90　《史記》，卷28，頁5b引集解。
91　《史記》，卷28，頁11b；Watson, 2:39.
92　Maspero, *Le Taoisme*, pp. 218-219.

　　不幸的是，文獻不足使得任何考察「屍解」說起源的嚴肅嘗試
幾乎無法進行。儘管如此，聞一多所做的一個聰明的猜測似乎為理
解這個難題提供了一些線索。據他的研究，該觀念或許源於古代羌
人的火葬習俗，屍體在火葬中化為灰燼而消失[93]。這解釋了為什麼
在與求仙有關的著作中有許多火仙被記載下來。例如，上面提到的
宋毋忌據說就是這樣一個火仙[94]。它也解釋了為什麼火解是屍解最
為重要的途徑之一。獲得「屍解」的另一重要方法是「兵解」，據
聞一多說，兵解亦出自羌人的習俗。如《後漢書》所載，羌人相
信：

> 以戰死為吉利，病終為不祥。[95]

所謂的「屍解」或可理解為靈魂自軀體的桎梏中解脫出來。因此，
為了釋放靈魂，以火或以武器毀滅軀體變得相當必須。這是成仙的
另一途徑[96]。

　　但是，「屍解」說多少與求仙的基本立場不合拍，求仙乃置其
重心於軀體成仙。屍解為求仙所採用與堅持的，更多的是出於權宜
而非必需，這可以從後代道教文獻中屍解仙被分配至一個相對較低
的地位看出來。據《仙經》：

> 下士先死後蛻謂之屍解仙。[97]

93　見其〈神仙考〉，收入《神話與詩》，特別是頁159-160。

94　《史記》，卷28，頁5b索隱引〈白澤圖〉。

95　《後漢書》卷117，頁1a。

96　聞一多，〈神仙考〉，頁160-161。

97　引自《抱朴子內篇》，卷2，頁27。參村上嘉實，《中國の仙人》，頁

儘管如此，神仙道士發現該說不可缺少，因為它為他們提供了一個方便的退路。該說的用處清楚地體現在李少君死這件事上。如果像李少君這樣一個保證他人不死的廣為人知的仙人自己卻死了，整個求仙活動將因此而無望地受到質疑；但是，這一危險在屍解或假死說的幫助下輕鬆化解[98]。東漢時期該說似乎特別受到道教徒的歡迎。在不少事例中我們發現，弟子或追隨者以屍解或假死來解釋其師之死。例如，一位名為王和平的道教仙人常宣稱他命中注定成仙；不幸的是，他因病而亡。儘管如此，他的一位名為夏榮的弟子告訴眾人其師不過是屍解[99]。另一例子發生在東漢早期的某年。卷縣(在河南省)一位名叫維汜的，將自己打扮成神並有弟子數百人。由於這一原因，他被處死。但是後來，其弟子借助於稱其師未真死而是神化不死，成功地誘導百姓發動了一場反叛，朝廷經過一番苦戰才得以平息[100]。這一歷史背景似乎極有助於我們理解，在《太平經》與《想爾注》之類道教經典中屍解或假死說為什麼會受到如此重視[101]。

三、神滅的爭論

漢代關於神滅的爭論與另一爭論，即葬俗緊密相聯。一般而言，贊成厚葬者傾向於視神不滅且獨立於形體，而另一方面，贊成

(續)————————————————
　　　86-88。
　98 參《抱朴子內篇》，卷2，頁26-27。
　99 《後漢書》，卷112下，頁19a。
100 《後漢書》，卷54，頁4a-b。
101 屍解說在《太平經》中尤為凸出，見《太平經合校》，頁553，569，
　　　665；也參見饒宗頤在《老子想爾注》頁79的討論。

薄葬者堅持徹底相反的觀點，兩者涇渭分明。為支持這種一般的區
別，我們可以楊王孫裸葬的著名事例開始我們的討論，對我而言，
以此事作為此節主題的出發點似乎頗為切題。楊王孫是漢武帝時的
黃老道徒，其財富價值千金。他病且將死時，示其諸子，稱他寧願
裸葬以便可以回歸生他的自然。但是，其子大惑，往見其父友人祁
侯求助。隨後祁侯致信王孫，信中曰：

> 竊聞王孫先令裸葬，令死者亡知則已，若其有知，是戮屍
> 地下，將裸見先人，竊為王孫不取也。[102]

據此信可以斷定，祁侯遵從的顯然是死後有知的傳統信仰，這
種信仰為厚葬提供了理論論據。楊王孫的回信在中國思想史上具有
重要意義，信中說：

> 蓋聞古之聖王，緣人情不忍其親，故為制禮[103]，今則越
> 之，吾是以裸葬，將以矯世也。夫厚葬誠亡益于死者，而
> 俗人競以相高，靡財單幣，腐之地下。或乃今日入而明日
> 發，此真與暴骸于中野何異！
> 且夫死者，終生之化，而物之歸者也。歸者得至，化者得
> 變，是物各反其真也……夫飾外以華眾，厚葬以鬲真，使

---

102 《漢書》，卷67，頁1a；英譯見de Groot, *The Religious System of China*, vol. 1, p. 307.

103 文中有「蓋聞古之聖王緣人情不忍其親故為制禮」，de Groot誤譯為the ancient sovereigns have made laws and rites, in order to check the indifference of human nature with regard to parents, *The Religious System of China*, p. 308）.

> 歸者不得至，化者不得變，是使物各失其所也。且吾聞
> 之，精神者天之有也，形骸者地之有也。精神離形，各歸
> 其真，故謂之鬼，鬼之爲言歸也。其屍塊然獨處，豈有知
> 哉？[104]

確實，這封長信包含了許多有趣之處需要進一步探討。不過，下面
我們只討論與死亡問題直接有關的兩個方面：一、第一段是對流行
於兩漢的厚葬風俗的抨擊，這一風俗成爲嚴重的社會問題並引發不
同知識階層的批評。二、信的第二部分提出了形神關係問題，此問
題在涉及自然主義死亡觀時已略有觸及，但需要進一步澄清。

　　喪葬形式在先秦時期的思想史上已是一個並不新鮮的爭論。儒
家一般支持厚葬，而墨家倡導節葬。確實，孔子本人不贊同厚葬。
在《論語》中我們找到如下故事：孔子最喜歡的弟子顏淵死，孔子
只想薄葬，當他聽說其弟子爲顏淵安排厚葬後頗爲不悅[105]。由此
故事我們也知道，一般來說儒家確實倡導喪葬從豐，儘管不必定是
奢侈的。如果我們信從孟子的話，喪葬作爲一種制度的起源在於人
不忍見其父母的屍體暴露於野外的蟲獸前[106]。根據儒家說法，喪
葬從豐將給予屍體更強的保護。但是在實踐中，喪葬作爲一種制度
與其他制度一起在春秋戰國時期以禮的名義被王侯貴族發展過了
頭。墨子正是將其攻擊的矛頭對準了這種奢侈的做法。墨子基於功
利主義，在總體上認爲厚葬對百姓與社會有害。公正地說，必須指

104　《漢書》，卷67，頁1a-b；de Groot, *The Religious System of China*, pp. 308-309.

105　James Legge, *Confucian Analects*, p. 240.

106　James Legge, *The Works of Mencius*, pp. 259-260.

出墨子也反對露父母之屍於野；他甚至認為對死者火葬也太過，他認為最好的辦法是節葬，在厚葬與火葬或不葬之間取其中。他論證只有通過簡化喪葬，我們才能同時兼顧生者與死者的利益[107]。如此考慮，我們可以說，儒家與墨家在喪葬形式上的不同基本上是側重點的不同：前者強調人們感情的重要性，而後者重在社會利益[108]。在這一層面，死者是否有知的問題似乎無關大局。換言之，正如儒家不需要將其厚葬的理論置於靈魂不滅說之上，墨家儘管相信靈魂的存在，但也有理由倡導節葬。王充關於墨家一方面倡導節葬，另一方面相信靈魂不滅因而自相矛盾的著名批評，儘管相當一針見血，可能並不必要[109]。

下至秦與西漢時期，喪葬與其說是知識界爭論的問題，不如說是個實際生活的問題。自秦始皇起，幾乎所有皇帝都沈迷於厚葬[110]。貴族與富人因而紛紛效仿。如果我們相信《鹽鐵論》的記載，早在西元前1世紀，由於無具體措施來控制儒家孝道，此風已發展到許多窮人鬻財葬父母的地步[111]。如墨子曾論證的，帝國的

---

107 《墨子閒詁》，第一冊，卷6，特別是頁113-114。

108 我明白後代儒家如荀子也根據「禮」來批評墨家的喪葬形式（見《荀子集解》，第三冊，卷19，頁86-87），但是我們必須理解，根據孔子的解釋，「禮」也是人情的外化或形式化。

109 《論衡集解》，頁464。現代學者對王充的這種批評感到很苦惱，並試圖用各種辦法從墨家立場去解決這一難題。見夏曾佑，《中國古代史》，重印本(1944)，頁90-91；梁啓超，《墨子學案》（商務印書館，1921），頁155-157；方授楚，《墨學源流》，頁105。

110 參《金石錄集釋》，卷15，頁7a-b。

111 《鹽鐵論》，卷6，頁58-59。關於漢代厚葬與薄葬的許多資料收集在楊樹達，《漢代婚喪禮俗考》（上海，1933），特別是頁116-132。儒家孝道對此風發展的影響，可由多數漢代墳墓壁畫中有孝子的著名故事這一事實得到很好的證明。見常任俠，《漢畫藝術研究》，頁3。

經濟實際上深受影響，因此對厚葬的批評再度風行。這些批評並不是先秦儒墨兩家爭論的簡單復興，注意到這一點是很有趣的。從以下事實也可以看出此點，即一些批評針對的不僅是儒家，而且極爲矛盾的是也包括墨家。例如，在批評厚葬的奢靡之風時，《淮南子》同時抨擊儒墨兩家對喪葬與喪服的觀念違反人的感情[112]。

關於喪葬形式的爭論，也沒有像我們馬上要涉及的東漢時期的事例那樣集中在神滅問題上。此時，奢靡的風氣產生了一個相對新的惡果，即盜墓，這成了反對厚葬的一個主要論據。如我們剛剛見到的，楊王孫已經以此作爲其裸葬的一個論點。不過，讓我們再舉兩個例子。《呂氏春秋》提倡一種介於儒家與墨家之間的喪葬形式。據該書，厚葬當然誘使盜賊將屍體從墓中掘出；如它所論證的，將父母的屍體任由盜賊而非野獸擺布是同樣愚蠢的。喪葬的目的是讓屍體入土爲安，但以財富隨葬只是帶給它麻煩，因而無法達到其初衷[113]。劉向（前79-前8年）西元前16年的上書提供了另一例子。如這一上書指出的，戰國以來所有厚葬的墓都未能逃脫盜賊的浩劫，厚葬的墓一完工就遭盜掘。上書中進而說，若死者有知，他們實際將會爲盜劫所傷害；若無知，如此奢侈地陪葬沒有多大用處。這一上書也對《呂氏春秋》中的薄葬說表示了敬意[114]。盜墓一定是漢代一個十分嚴重的社會問題。王充的《論衡》使我們得知，饑荒年景裡數以千計的盜賊靠盜墓爲生[115]。

下及東漢時期，厚葬之風沒有衰落的跡象，反而變本加厲。例

---

112 《淮南子》，卷11，頁8b-9a。
113 《呂氏春秋集釋》，卷10，頁4b-13a。
114 《全漢文》，卷36，頁7b-9b。
115 《論衡集解》，頁434；Forke, part I, p. 219.

如，在西元31年[116]、61年[117]與107年[118]，基於經濟後果分別下詔嚴禁厚葬。從漢代墓葬的考古發掘可以得到這樣的印象，東漢較之以前的時代厚葬之風更為發達[119]。正是出於這種歷史背景，東漢時期產生了一系列對此奢靡風氣的批評以及節葬運動。

根據王符的估計，當時的貴族甚至毫不猶豫就役使數千人造一棺。這種奢靡的做法為全國各地的人所效法。他因而譴責道：

　　此之費功傷農，可為痛心。[120]

他進而指出：

　　今京師貴戚，郡縣豪家，生不極養，死乃崇喪。[121]

王充也批評時人愚蠢，以致：

　　畏死不懼義，重死不顧生，竭財以事神，空家以送終。[122]

西元2世紀末，崔寔提出如下的批評：

116　《後漢書》，卷1下，頁2a。
117　同上，卷2，頁6b。
118　《後漢書》，卷5，頁2a。
119　例見常任俠，《漢畫藝術研究》，頁6；迅冰，《四川漢代雕塑藝術》（北京，1959），頁17。
120　《潛夫論》，卷3〈浮侈〉，頁79-80。也比較de Groot, The Religious System of China, vol. 1, pp. 311-312.
121　《潛夫論》，卷3，頁80。
122　《論衡集解》，頁461。

> 乃送終之家，亦大無法度。至用櫝梓[123]黃腸，多藏寶
> 貨，饗牛作倡，高墳大寢，是可忍也，孰不可忍。而俗
> 人多之，咸曰健子。天下跂慕，恥不相逮。念親將終，
> 無以奉遣，乃約其供養，豫修亡歿之備，老親之饑寒，
> 以事淫法之華稱。竭家盡業，甘心而不恨，窮阨既迫，
> 起為盜賊。[124]

這些批評已說得很清楚，無需評論。由這類批評我們知道，貧窮的百姓是厚葬之風的普遍受害者。因此有必要找出他們對此的態度。幸運的是，《太平經》保存了許多可以合理地用來說明社會下層百姓一般感受的表述。

首先，《太平經》倡導生活節儉且反對奢靡。人的基本需要，如食、色和衣物必須滿足，否則人無法維持生活。但是超出這類最低必需品的任何朝向改善生活的進一步發展，都被批評是不必要的奢侈，會不可避免地導致社會動蕩[125]。在《想爾注》中也可看到類似的觀點。《想爾注》特別將其批評矛頭指向上層統治者奢華的生活方式。好鮮衣美食、廣殿高閣並聚斂珍寶者，其所作所為實際上與「無為」的原則背道而馳。這類人擾民多多，因此一定不能做天子。為與「道」和，最高統治者應帶頭過節儉的生活，並始終堅

---

123 據de Groot, 它們是Pine和Rottlera, *The Religious System of China*, p. 311.

124 《全後漢文》，卷46，頁5a-b，頁724。極有諷刺意味的是，像崔寔這樣強烈反對厚葬的人，被發現做出他自己所傾力抨擊的同樣愚蠢的事情。據《後漢書》本傳(卷82，頁9a)，他賣掉所有的田地與房屋以葬其父，儘管其父遺願要行薄葬。

125 《太平經合校》，頁44-45；參見楊寬，《論太平經》，頁33。

持儉樸[126]。

現在讓我們轉到厚葬。《太平經》中有整整一節專門批評這種做法。其批評與其說是基於經濟考慮，不如說是基於對生命的一般強調，注意到此點是有趣的。它的核心想法是認為生比死更重要，依此邏輯，因而事死不得過生[127]。這一論點使我們立刻想起第一章開始處引用的孔子的話。《太平經》也描述了厚葬的惡果：

> 上古之人理喪，但心至而已，送終不過生時，人心純樸，少疾病。中古理漸失法度，流就浮華，竭資財為送終之具，而盛於祭祀，而鬼神益盛，民多疾疫，鬼物為祟，不可止。下古更熾……事鬼神而害生民，臣秉君權，女子專家，兵革暴起，奸邪成黨，諂諛日興，政令日廢，君道不行。[128]

在我看來，這段似乎是東漢時期，特別是接近末期時局勢的相當準確的描繪。

也是這一時期見證了覺醒的士人中薄葬運動的興起。與歷史上其他運動一樣，無法找到這一特別運動開始的準確時間。不過，大約從西元2世紀中期起，薄葬作為一種習俗變得日益明顯可見。一些例子使這一點更為清楚。166年馬融死時，他令其家人為其薄葬[129]。185年范冉給其子留遺令：

---

126 饒宗頤，《老子想爾注校箋》，頁17。
127 《太平經合校》，頁48-53。
128 同上，頁52-53。
129 《後漢書》，卷90上，頁7a。

> 吾生於昏暗之世，值乎淫侈之俗，生不得匡世濟時，死何
> 忍自同於世！氣絕便斂，斂以時服，衣足蔽形，棺足周
> 身，斂畢便穿，穿畢便埋。[130]

192年盧植命其子將他埋於土穴中不設棺槨，除隨身衣服外不置器物而薄葬[131]。類似的例子見於記載[132]，但在此一一列舉完全是浪費篇幅。

不言而喻，經濟上的考慮一定在薄葬運動中發揮了非常重要的作用。但是在同樣的運動中也可分辨出觀念因素的作用，即變化中的死亡觀[133]，由此關於喪葬的爭論融入到神滅的爭論中。

如已經指出的，提倡薄葬的一般傾向於拒絕魂不滅的說法。為說明這一點，我們可以引述王充的論述：

> 今著〈論死〉及〈死偽〉之篇，明人死無知，不能為鬼，
> 冀觀覽者將一曉解約葬，更為節儉。[134]

似乎顯而易見，對於王充，喪葬形式的問題與神滅的問題是不可分的[135]。我們可以沿這一點更進一步。因為厚葬是當時的普遍做法，堅持者完全沒有必要寫任何東西來為其立場辯護。因此關於所有行

---

130 《後漢書》，卷111，頁9b。
131 同上，卷94，頁7a。
132 例見《後漢書》，卷75，頁4a；卷82，頁7a；卷94，頁8b-9a；卷98，頁3b-4a；卷114，頁5b。
133 這一點在賀昌群，《魏晉清談思想初論》，頁19-20有所論及。
134 《論衡集解》，頁578；Forke, part I, p. 90.
135 參見侯外廬等，《中國思想通史》，第2卷，頁859。

厚葬者是否實際上相信神的存在，我們得不到正面的證據[136]。不過，考慮到上節關於死後生活的流行信仰所討論的內容，可以確信他們一般如此。下面是181年張奐給其子的遺囑，為此問題提供了一些線索：

> 通塞命也，始終常也。但地底冥冥，長無曉期，而復纏以纊綿，牢以釘密，為不喜耳。幸有前窀，朝殞夕下，措屍靈床，幅巾而已。奢非晉文，儉非王孫。[137]

對於喪葬形式，張奐寧願採取一種不奢不儉的折衷方式，注意到這點是有趣的。這裡薄葬運動的影響已經顯現。在我看來，對待喪葬問題的這樣一種舉棋不定的態度，相當程度上似乎是他相當模糊的死亡觀的結果。這點不難從以下事實看出來，他一方面視死為生命的自然結局(始終常也)，如我們已經看到的，這是當時自然主義死亡觀的基本部分；而另一方面當他以長無曉期與冥冥描述地下世界時，其說似乎與《太平經》中所描繪的陰間區別不大，他又沒有完全擺脫流行的死後生活信仰。這樣一種搖擺不定的態度絕不是張奐所獨有的，它也為當時其他士人所分享。再舉一例。任末在奔師喪的路上(確切時間不詳)病篤，臨終前他對陪伴他的姪兒說：

> 必致我屍于師門，使死而有知，魂靈不慚；如其無知，得

---

136 應當指出的是，《後漢書》很好地保存了相當多的關於裸葬與神滅的材料這一事實，可以依據該書作者范曄的思想信仰背景加以更充分的理解。據本傳，范曄強烈反對神不滅論，有一次他甚至深思熟慮要撰寫〈無鬼論〉。見《宋書》，同文書局本，卷69，頁15b。

137 《後漢書》，卷95，頁6a。

土而已。138

另一方面，行薄葬者相當堅定不移地拒絕神不滅或死後有知的說法。下面兩個例子將足以說明問題。西元2世紀中葉，崔寔之父崔瑗就喪葬囑其子：

> 夫人稟天地之氣以生，及其終也，歸精於天，還骨於地。
> 何地不可藏形骸，勿歸鄉里。其賵贈之物，羊豕之奠，一
> 不得受。139

這段敘述對於薄葬運動的思想背景沒有留下任何可懷疑的餘地。崔瑗決定將其形骸以這樣一種不合禮儀的方式加以處理，本質上是基於自然主義死亡觀的堅實立場，這是兩百多年前由楊王孫開創的傳統。

趙咨(卒於靈帝時期，168—188年)的例子甚至更有說服力。當趙咨在都城(洛陽)臨終時，他為喪葬預做準備。買了小素棺，並聚二十石乾土。隨後他告訴屬下，亡後他應穿自己的故巾單衣，先置土於棺，然後將屍體放在上面140。他相信這樣做屍體會速朽，將能使他早歸后土。為了防止後人改變葬法，他給家人一封很長的遺書，其中不僅明確表達了他自己對死亡的看法，而且也提供了從遠古至當時的厚葬發展的總體情況。不過，下面我們只引一段與神滅問題直接有關的內容：

138 《後漢書》，卷109下，頁2a。
139 《後漢書》，卷82，頁7a。
140 據《後漢書》，卷69，頁9a引謝承的《後漢書》。

夫含氣之倫，有生必終，蓋天地之常期，自然之至數。是
以通人達士，鑑茲性命，以存亡爲晦明，死生爲朝夕，故
其生也不爲娛，亡也不知戚。夫亡者，元氣去體，貞魂遊
散，反素復始，歸於無端。既已消仆，還合糞土。土爲棄
物，豈有性情。[141]

與其他薄葬的例子相比，趙咨言行高度一致以及對死亡的徹底的唯
物主義解釋，是他尤爲凸出之處。例如，崔瑗因爲沒有像趙咨那樣
爲執行其計畫作必要的準備，他的願望最終沒有成眞[142]。楊王孫
的例子，人們亦或許懷疑他堅持裸葬是否是因爲他視形體爲精神解
脫障礙的道教信仰[143]。如此考慮，似乎趙咨的事例對於中國東漢
社會與思想史的重要意義幾乎不能被估計過高。

　　不過，在進入本章結論之前，關於神滅問題還有另一方面留待
討論，那就是神或魂與形體的關係。至今在我們的討論中我們看到
了人分爲形體與精神的兩分法，據說兩者皆源於氣；然而它們如何
相互聯繫，對我們而言依然是混沌一片。在中國思想史上直到佛教
完全傳入中國，特別是6世紀初范縝著名的〈神滅論〉發表[144]，這
一問題才變得比較重要，一般說來，這樣講是正確的。儘管如此，
更多晚近的研究表明，甚至在佛教到來以前，關於神滅的爭論已經

141 《後漢書》，卷69，頁8a。
142 饒宗頤，《老子想爾注校箋》，頁46。
143 這一解釋實際上由聞一多提出。見其《神話與詩》中的〈道教的精神〉，頁149-150。
144 范縝的文章見《弘明集》，卷9，頁4b-13b(在蕭琛〈難神滅論〉後)。綜合性的研究見侯外廬等，《中國思想通史》，第二卷，第十九章；Walter Liebenthal,"The Immortality of the Soul in Chinese Thought," *Monnmenta Nipponica*, Vol. 8（Tokyo），pp. 327-396.

在進行中了[145]。

荀子可能是最早明確提出「形具而神生」的中國哲學家[146]。這一提法似乎意味著後者的存在依賴於前者的存在。降至漢代，形神問題再次爲司馬遷的父親司馬談以一種與荀子相當不同的方式提起：

> 凡人所生者神也，所托者形也。神大用則竭，形大勞則
> 敝，形神離則死……由是觀之，神者生之本也，形者生之
> 具也。[147]

此段沒有詳述神通過什麼方式與形相聯。儘管如此，其重點是置於神上已經昭然若揭。

漢代關於此主題最重要的單篇論著，或許是桓譚《新論》中的〈形神篇〉[148]。其中一段講：

---

145 侯外廬等，《中國思想通史》，第十八章，特別是頁849-867；錢穆，〈鬼神考〉，特別是頁1-21。

146 《荀子集解》，第11篇〈天論〉，卷3，頁54。

147 《史記》，卷130，頁3b；《漢書》，卷62，頁3a。

148 在前文(見第一章註115)我們闡明了桓譚反對形體不死成仙說的立場。由此可以穩妥地認定〈形神篇〉(《弘明集》，卷5，頁7a-9b；《全後漢文》，卷14，頁6b-8a，頁544-545)出自桓譚。因爲該文與根據他的其他作品而判斷的思想非常吻合。在此應略加評論的是，關於該文作者的全部爭論出自一小小的印刷錯誤。該文最初是桓譚《新論》的一部分，可能因爲其中的討論與當時僧俗思想家關於神滅的爭論有關，它首先被(劉)宋(420-479)陸澄選編入名爲《法論》的佛教論集，後來在梁朝(502-556)再次被收入《弘明集》。當明代(1368-1644)吳康虞重印《弘明集》時，作者的時代由漢誤改爲晉。不幸的是，晉代(265-419)有一位叫華譚的學者也撰有一《新論》，與桓譚的著作同名。因此，一些現代學者傾向於認爲桓譚必是華譚之誤(例見關鋒，〈新論形神作者

> 精神居形體，猶火之然燭矣，如善扶持隨火而側之，可毋
> 滅而竟燭。燭無，火亦不能獨行於虛空，又不能後然其
> 炖。炖猶人之耆老，齒墮髮白，肌肉枯臘，而精神弗爲之
> 能潤澤。内外周遍，則氣索而死，如火燭之俱盡矣。[149]

與司馬談不同，桓譚立場鮮明，認爲只要形體存在精神就延續。精神依存於形體，不是形體依存於精神。因而他不僅重拾荀子留下的思路，而且向前推進了幾步。不過，此文最大的意義在於以燭火的類比來討論形神問題，六朝時期神滅的爭論中更大範圍地使用這一類比，這裡的使用比它們要早。5世紀的陸澄事實上表示了他對桓譚欽佩一類的話[150]。

王充在《論衡》中也討論了形神問題，其中桓譚的影響清楚可見[151]。例如，王充也認爲精神依賴形體，他說：

> 形須氣而成，氣須形而知。天下無獨燃之火，世間安得有
> 無體獨知之精？[152]

(續)───────────

存疑〉，附在其《王充哲學思想研究》[上海，1957]後，頁139-144）。不過，最近其他學者已經能夠找到更多的證據證明錯字是「晉」而非「桓」。因此該文作者應是「漢桓譚」而非「晉華譚」（見《中國哲學史資料選輯》，「兩漢之部」，頁210-211）。

149 《弘明集》，卷5，頁7b；參考了《中國哲學史資料選輯》（頁212）的白話翻譯。

150 在他的〈法論目錄序〉中，《中國哲學史資料選輯》頁120所引。

151 應該注意的是，王充非常仰慕桓譚，並多次提到桓譚的名字及其《新論》。例見Forke, part I, pp. 81, 84, 87, 361, 467, 468.

152 《論衡集解》，頁417；Forke, part I, p.195.

王充甚至借用了他的火燭的比喻：

> 人之死猶火之滅也。火滅而燭不照，人死而知不惠，二者
> 宜同一實。論者猶謂死者有知，惑也。人病且死，與火之
> 且滅何以異？火滅光消而燭在，人死精亡而形存。謂人死
> 有知，是謂火滅復有光也。[153]

因此我們發現，甚至在漢代，神滅的爭論已經在緩慢平穩地前
進。這種形勢也在一定程度上反映到《太平經》所見的民間思想
上。《太平經》至少包含了關於形神問題的三種不同說法。一處
云：

> 故人有氣則有神……氣亡則神去。[154]

另一處它更加明確地指出：

> 神精有氣，如魚有水，氣絕神精散，水絕魚亡。[155]

這無疑是沿著桓譚與王充的思路對物質與精神[156]關係的唯物主義

---

153 《論衡集解》，頁418；Forke, part I, p.196.火的比喻可追溯到《莊子》
  (2:4a)，其云：「指窮於爲薪，火傳也，不知其盡也。」參Legge, *The*
  Writings of Kwang-Zze, part I, p. 202.後來佛教用「薪」、「火」分別指代
  「形體」與「精神」(見Legge的同頁註2)。但是這並非莊子的原意(見
  錢穆，《莊子纂箋》，頁26)。

154 《太平經合校》，頁96。

155 同上，頁727。

156 參見王明，《太平經合校》，〈前言〉，頁4。

的解釋。水魚之喻也使我們想起火燭的類比。但是《太平經》中也
保留了一種相反的觀點。例如它說：

> 形者乃主死，精神者乃主生……無精神則死，有精神則
> 生。[157]

顯而易見，這裡精神的重要性被遠置於形體之上。它給我們這樣的
印象，即人生只依靠精神而形體甚至對人的存在有害。可是在別處
又出現一種調和的觀點，其云：

> 故人有氣則有神，有神則有氣，神去則氣絕，氣亡則神
> 去，故無神亦死，無氣亦死。[158]

這裡物質(形)與精神簡單地被認為對於人的存在同等重要。誰輕誰
重的問題因而被小心地迴避了。

　　對《太平經》中上述衝突的各種觀點不加調和是可能的，甚至
是必要的，因為它們或許準確地反映了已經捲入東漢時期中國關於
神滅爭論的三種論點的主線。

---

157 參見王明，《太平經合校》，〈前言〉，頁716。
158 同上，頁96。

參考書目

1. 中日文資料

丁　山，〈由陳侯因資鎛銘黃帝論五帝〉，《史語所集刊》，第3本，第4分，1933。

丁福保，《全漢三國晉南北朝詩》，北京：中華書局，1959。

干　寶，《搜神記》，商務印書館，1928。

《三國志》，同文書局本。

《山海經》，四部叢刊本。

大淵忍爾，〈太平經の來歷について〉，《東洋學報》，第27卷，第2期，1940年2月。

———，〈太平經の思想について〉，《東洋學報》，第28卷，第4期，1941年12月。

———，〈初期の仙說について〉，《東方宗教》，第1卷，第2期，1952年9月。

小柳司氣太，《老莊の思想と道教》，東京，1935。

———，《東洋思想の研究》，東京，1934。

《中國哲學史資料選輯》（兩漢之部），北京，1960。

方授楚，《墨學源流》，長沙，1937。

方東樹，《漢學商兌》，槐廬叢書本。

王仲殊，〈漢代物質文化略說〉，《考古通訊》，1956年第1期。

王先謙，《莊子集解》，中華書局本。

———，《荀子集解》，萬有文庫本。

王先慎，《韓非子集解》，萬有文庫本。

王　明，〈論太平經鈔甲部之偽〉，《史語所集刊》，第18本，
　　　1948。

———，〈漢代哲學思想中關於原始物質的理論〉，《哲學研究》，
　　　1957年第6期。

———，《太平經合校》，北京：中華書局，1960。

《望都二號漢墓》，文物出版社，1959。

王　符，《潛夫論》，國學基本叢書本。

王　瑤，《中古文人生活》，上海，1951。

今鷹眞，〈史記にあらわれた司馬遷の因果報應の思想と運命觀〉，
　　　《中國文學報》，第8卷，1958年4月。

內山俊彥，〈漢代の應報思想〉，《東京支那學報》第6期，1960年6
　　　月。

內田智雄，〈道教史〉，收入《支那宗教史》，《支那地理歷史大
　　　系》，第11卷，東京，1942。

《史記》，中華圖書館本。

田昌五，《王充及其論衡》，北京，1958。

出石誠彥，〈鬼神考〉，《東洋學報》，第2期，1935年2月。

朱　熹，《近思錄》，叢書集成初編本。

戎　笙，〈試論《太平經》〉，《歷史研究》，1959年第11期。

《老子》，四部備要本。

池田末利，〈魂魄考〉，《東方宗教》，第3卷，1953年7月。

吉川幸次郎，〈推移の悲哀〉，《中國文學報》，第10卷，1959年4月；第12卷，1960年4月；第14卷，1961年4月。

吉岡義豐，〈敦煌本太平經について〉，《東洋文化研究所紀要》，第22冊，1961年1月。

迅　冰，《四川漢代雕塑藝術》，北京，1959。

李光璧，〈漢代太平道與黃巾大起義〉，《中國農民起義論集》，北京，1954。

李延壽，《南史》，同文書局本。

李春圃，〈論黃巾起義的目的〉，《吉林大學人文科學學報》，1959年第2期。

呂思勉，《先秦史》，上海，1941。

───，《秦漢史》，二冊，1947。

沈兼士，〈鬼字原始意義之試探〉，《國學季刊》，第3期，1935。

宋佩韋，《東漢之宗教》，商務印書館。

《宋書》，同文書局本。

余英時，〈漢晉之際士之新自覺與新思潮〉，《新亞學報》，第4卷，第1期，1959年8月。

余　遜，〈早期道教之政治信念〉，《輔仁學志》，第11卷，第1-2期。

余嘉錫，〈寒食散考〉，《輔仁學志》，第7卷，第1-2期。

村上嘉實，《中國の仙人》，京都，1956。

林樹中，〈望都漢墓壁畫年代〉，《考古通訊》，1958年第4期。

《孟子》（趙岐注），四部叢刊初編縮本，商務印書館。

吳仁傑，《兩漢刊誤補遺》，知不足齋本。

吳則虞，〈揚雄思想平議〉，《哲學研究》，1957年第6期。

金谷治，〈漢初の道家思潮〉，《東北大學文學部研究年報》，第9
　　期，1958。

武內義雄，〈神仙說〉，《岩波講座》，1935。

范　曄，《後漢書》，商務印書館，1927。

侯外廬，〈漢代白虎觀宗教會議與神學法典白虎通義〉，《歷史研
　　究》，1956年第5期。

侯外廬等，《中國思想通史》，第二卷，1950。

《洛陽燒溝漢墓》，科學出版社，1959。

胡　適，〈述陸賈的思想〉，《張菊生先生七十生日紀念文集》，
　　1937年1月。

———，〈說儒〉，《胡適論學近著》，上海，1935。

洪亮吉，《春秋左傳詁》，萬有文庫本。

段玉裁，《說文解字注》，經韻樓本。

俞平伯，〈古詩明月皎夜光辨〉，《清華學報》，第4卷，第3期，
　　1936年7月。

秋月觀瑛，〈黃老觀念の系譜〉，《東方學》，第10期，1955年4
　　月。

———，〈黃巾の亂の宗教性〉，《東洋史研究》，第15卷，第1
　　期，1956年7月。

津田左右吉，《道家の思想と其の展開》，東京，1939。

———，〈神仙思想の關する二三の考察〉，《滿鮮地理歷史研究報
　　告》，1924年8月。

《晉書》，同文書局本。

夏曾佑，《中國古代史》，重印本，長沙，1944。

徐中舒，〈陳侯四器考釋〉，《史語所集刊》，第3本，第4分，
　　1934。

──，〈金文嘏辭釋例〉，《史語所集刊》，第6本，第1分，
　　1936。

桓　寬，《鹽鐵論》，國學基本叢書簡編本。

容肇祖，《魏晉的自然主義》，上海，1935。

孫人和，《論衡舉正》，1911。

孫祚民，〈中國農民戰爭和宗教的關係〉，《歷史研究》，1956年第
　　5期。

孫馮翼，《桓子新論》，四部備要本。

孫詒讓，《墨子閒詁》，萬有文庫本。

袁　宏，《後漢紀》，萬有文庫本。

原田正己，〈論衡の一考察〉，《東洋思想研究》第5期，1954。

栗原朋信，《秦漢史の研究》，1960。

宮川尚志，〈道教の概念〉，《東方宗教》，第16期，1960年11月。

酒井忠夫，〈方術の道術〉，《東洋史論集》，東京，1953。

──，〈太山信仰の研究〉，《史潮》，第7卷，第2期，1937年6
　　月。

班　固，《漢書》，商務印書館，1927。

張心澂，《偽書通考》，全二冊，長沙，1939。

張　華，《博物志》，漢魏叢書本。

常任俠，《漢畫藝術研究》，上海，1955。

章炳麟，《檢論》，章氏叢書本。

陳　立，《白虎通疏證》，淮南書局本，1875。

陳世驤，〈想爾老子道經敦煌殘卷論證〉，《清華學報》，新1卷，

第2期，1957年4月。

陳寅恪，〈天師道與濱海地域之關係〉，《史語所集刊》，第3本，
　　第4分，1934。

───，《陶淵明之思想與清談之關係》，1945。

───，〈崔浩與寇謙之〉，《嶺南學報》，卷十一，第1期，1950
　　年。

陳　槃，〈戰國秦漢間方士考論〉，《史語所集刊》，第17本，
　　1948。

馮友蘭，《中國哲學史》，上海，1934。

許地山，《道教史》，上海，1934。

───，〈道家思想與道教〉，《燕京學報》，第二期，1927年12
　　月。

許維遹，《呂氏春秋集釋》，全二冊，文學古籍刊行社本，1955。

《淮南子》，浙江書局本，1876。

郭沫若，《十批判書》，修訂本，上海，1950。

───，《金文叢考》，修訂本，北京：人民出版社，1954。

───，《兩周金文辭大系圖錄考釋》，科學出版社，1958。

郭象(注)，《莊子》，四部叢刊本。

《國語》，萬有文庫本。

梁啓超，《墨子學案》，商務印書館，1921。

───，〈陰陽五行說之來歷〉，《古史辨》，1935。

陸　賈，《新語》，四部叢刊本。

窒石鑛吉，〈儒教の死生觀と統一の意識〉，《東京支那學報》，第
　　7期，1961年6月。

傅勤家，《中國道教史》，1937。

賀昌群，〈黃巾賊與太平道〉，《文史雜誌》，第2卷，第3期(1942
　　年3月15日)。

———，《魏晉清談思想初論》，上海，1947。

———，〈論黃巾起義的口號〉，《歷史研究》，1956年第6期。

惠　棟，《後漢書補注》，叢書集成本。

湯用彤，《漢魏南北朝佛教史》，全二冊，重印本，中華書局，
　　1955。

———，〈讀太平經書所見〉，《國學季刊》，第5卷，第1期，
　　1935。

黃　暉，《論衡校釋》，全四冊，長沙，1938。

董仲舒，《春秋繁露》，萬有文庫本。

黑田源次，〈氣〉，《東方宗教》第45期，1954年1月；第7期，2
　　月。

森三樹三郎，〈莊子にすける性の思想〉，《東方學》，第18期，
　　1959年6月。

———，〈秦漢に於ける祭祀の統一〉，《東方學報》，京都，第一
　　部分，第2期，1940年4月。

葛　洪，《神仙傳》，漢魏叢書本。

———，《抱朴子》，萬有文庫本。

楊蓮生(聯陞)，〈漢末黃巾之亂的一個新考察〉，《大公報‧史地周
　　刊》，第103期，天津，1936年9月18日。

———(聯陞)，〈老君音誦誡經校釋〉，《史語所集刊》，第28本，
　　1956年12月。

楊伯峻，《列子集釋》，上海，1958。

楊樹達，《漢代婚喪禮俗考》，上海，1933。

福井康順，《道教の基礎的研究》，東京，1952。

福永光司，〈封禪說の形成〉，《東方宗教》，第1卷，第6期，1954年11月。

楠山春樹，〈邊韶の老子銘〉，《東方宗教》，第11期，1956年10月。

趙善貽，《韓詩外傳補正》，長沙，1938。

趙　翼，《陔餘叢考》，商務印書館，1957。

《管子》，國學基本叢書簡編本。

聞一多，《神話與詩》，古籍出版社，1956。

窪德忠，《庚申信仰》，東京，1956。

———，《庚申信仰の研究》，東京，1961。

鄭　文，《王充哲學初探》，人民出版社，1958。

《廣弘明集》，四部叢刊本。

劉志遠，《四川漢代畫像磚藝術》，北京，1958。

劉盼遂，《論衡集解》，北京：古籍出版社，1957。

劉　熙，《釋名》，四部叢刊本。

魯　迅，〈魏晉風度及文人與藥及酒之關係〉，《魯迅全集》，第三卷，上海，1948。

魯迅(編)，《嵇康集》，1937。

鄧之誠，《東京夢華錄註》，北京，1959。

《戰國策》，萬有文庫本。

錢　穆，〈中國思想史中之鬼神觀〉，《新亞學報》，第1期，1955年8月。

———，《兩漢經學今古文平議》，香港，1958。

———，《莊子纂箋》，香港，第三版，1957。

———，《國史大綱》，上海，1947。

———，《莊老通辨》，香港，1957。

———，《先秦諸子繫年》，修訂版，香港，1956。

———，〈讀文選〉，《新亞學報》，第3卷，第2期，1958年8月。

鍾　嶸，《詩品》，萬有文庫本。

《韓詩外傳》，鄂官書處本，1912。

《禮記注疏》，十三經注疏本，1739。

戴　震，《屈原賦注》，國學基本叢書本。

關　鋒，《王充哲學思想研究》，上海，1957。

應　劭，《風俗通義》，四部叢刊本。

饒宗頤，《六朝寫本張道陵著老子想爾注校箋》，香港，1956。

嚴可均，《全上古三代秦漢三國六朝文》，影印廣雅書局本，北京，
　　1958。

顧炎武，《天下郡國利病書》，四部叢刊本。

———，《日知錄集釋》（黃汝成），1869。

顧頡剛，《秦漢的方士與儒生》，群聯本，1954。

2. 西文著作

Baumer, I. Prunklin, "Intellectual History and its Problems," *The Journal of Modern History*, vol. XXI, no.3, September, 1949.

Bendict, Ruth, *Patterns of Culture,* Mector Books edition, 1949.

Bodman, Nicholas Cleaveland, *A Linguistic Study of the Shih Ming, Initials and Consonant Clusters*, Harvard, 1954.

Brinton, Crane*, Ideas and Men*, New York, 1950.

Chavinnes, E., *Les Meomoires Historiques de So-ma Ts'ien, 1895-1905*.

————, *Le T'ai Chan*, Paris, 1940.

Creel, H.G., *The Birth of China*, New York, 1937.

————, "What is Taoism," *Journal of the American Oriental Society*, vol. 76, July-September, 1956.

de Bary, Wm. Theodore, et al. *Sources of Chinese Tradition*, New York, 1960.

de Groot, J.J. N., *The Religious System of China*, Leyden, 1892.

———— N., *Religion in China, Universism: A Key to the Study of Taoism and Confucianism*, New York, 1912.

Dill, Samuel, *Roman Society from Nero to Marous Aurelius*, Maridian Books edition, 1956.

Duyvendak, J.J.L., *Tao To Ching, The Book of the Way and Its Virtues*, London, 1954.

Forke, A., *Lun Heng*, 2 vols., Leipaig, London & Shanghai, 1907.

Fung Yu-lan, *History of Chinese Philosophy* (tr. by Derk Bodde), 2 vols., Princeton, 1952.

————, *A Short History of Chinese Philosophy*, New York, 1960.

————(tr.), *Chuang Tzu*, Shanghai, 1952.

Gale, Eason N., *Discourses on Salt and Iron, a Debate on State Control of Commerce and Industry in Ancient China*, Leiden, 1931.

Hightower, James R., "Ch'u Yuan Studies," in *Silver Jubiles Volume of the Zinbun-Kagaku-Kenkyusyo*, Kyoto University, Kyoto, 1954.

————, *Han Shih Wai Chuan: Han Ying's Illustrations of the Didatic Application of "The Classic of Songs"*, Harvard, 1952.

Holzman, Donald, *La Vie et la Penses de Hi K'ang*, Leiden, 1957.

Hughes, H. *Stuart, Consciousness and Society*, New York, 1958.

Huzinga, J., *The Waning of the Middle Ages*, New York, 1954.

Legge, James, *The Texts of Taoism*, London, 1891.

————, *The Ch'un Te'ew with the Tso Chuen, Chinese Classics*, reprint 1939. Hong Kong.

————, tr. *The Yi King*, Oxford, 1882.

Levy, Howard S., "Yellow Turban Religion and Rebellion at the End of Han," *Journal of the American Oriental Society*, vol. 76, no.4, December, 15, 1956.

Liebenthal, Walter, "The Immortality of the Soul in Chinese Thought," *Monumenta Nipponica*, vol. 8, Tokyo, 1952.

Lovejoy, Arthur O., *The Great Chain of Being*, Cambridge, 1936.

————, *Essays in the History of Ideas*, New York, 1955.

Maspero, Henri, *Le Taoisme, Melanges Posthumes sur les Religious et l'histoire de la China*, Paris, 1950.

Michaud, Paul, "The Yellow Turban," *Monumenta Serica*, vol. 27, 1958.

Morgan, E., *Tao, the Great Luminant*, New York, 1934.

Needham, Joseph, *Sciences and Civilization in China*, Cambridge, vol. 2, 1956.

Rostovtzev, M. I., *Inlaid Bronzes of the Han Dynasty in the Collection of C. T. Loo*, Vanoest, Paris and Brussels, 1927.

Russell, Bertrand, *History of Western Philosophy*, London, 1946.

Schwartz, Benjamin, "The Intellectual History of China: Preliminary Reflection," in J. K. Fairbank (ed.), *Chinese Thought and Institutions*,

Chicago, 1957.

Swann, Nanoy Lee., *Food and Money in Ancient China*, Princeton, 1950.

Tjan Tjoe Som (tr.), *Po Hu T'ung, The Comprehensive Discussions in the White Tiger Hall*, 2 vols., Leiden, 1949, 1952.

Underhill, Evelyn, *Mysticism*, Meridian Books ed., 1955.

Waley, Arthur, *170 Chinese Poems*, New York, 1919.

———, *The Way and Its Power, A Study of the Tao Te Ching and Its Place in Chinese Thought*, Evergreen Book edition.

Watson, Burton, *Records of the Great Historian of China, Ssu-ma Ch'ien*, 2 vols., Columbia, 1961.

Welch, Holmes H., "Syncretism in the Early Taoist Movement," *Paper on China*, vol. 10, Cambridge, October, 1956.

Yang, Lien-sheng, "The Concept of 'Pao' as a Basis for Social Relations in China," in *Chinese Thought and Institutions*.

Zurcher, E., *The Buddhist Conquest of China*, 2 vols., Leiden, 1959.

———, *Parting of the Way*, Boston, 1957.

除了第一章及附錄外，其餘部分據*Views of Life and Death in Later Han China,* Doctoral Dissertation (Harvard University, 1962)譯出。

（侯旭東　譯）

附錄一
早期中國來世觀念的新證據
——評魯惟一的《通往仙境之路：中國人對長生的追求》
（1981年）

1972-1974年，湖南長沙馬王堆三個漢墓的巨大發現，確實是漢代研究史上的一個不同凡響的重大事件。三個墳墓中，一號墓和三號墓引起了世界範圍內的特別關注。三號墓因其保留了大量帛畫而出名，長期以來這些帛畫中有一些被猜測為已亡佚。一號墓剛發掘出來時，就成為頭條消息，最初因為它完好地保存了墓主軚侯夫人的遺體，她可能死於西元前168年左右。然而，當1973年全部考古報告發表時，卻轉為報導墓內異常豐富的各類物品，包括紡織品、漆器、樂器、陶器、竹簡和食物殘留物。但是這個墓裡最有意義的發現是一幅被推測為用於死者喪葬隊伍的彩繪絲綢旗幡。因為這幅畫大量揭示了早期中國的神話、藝術、宗教和禮儀，所以中國、日本和西方這幾門學科的專家對它進行了廣泛的研究。也就是這幅畫構成了魯惟一《通往仙境之路：中國人對長生的追求》[1]。

在《通往仙境之路》裡，魯惟一審視了三個相關的主題：馬王堆帛畫中展示的天堂觀念；稱作透光鑑中反映出的漢代宇宙觀，透光鑑約在西元前50年至西元100年或150年間尤為流行；以及西漢後期西王母崇拜的產生。在這三個獨立的主題中貫穿著一條共同的線

---

1 Michael Loewe, *Ways to Paradise: The Chinese Quest for Immortality* (London: George Allen & Unwin, 1979)的核心.

索，即「漢代人有關死亡和來世的基本信仰」（〈序言〉）。也正是
這個統一的主題，使得對《通往仙境之路》的閱讀成爲一種極具思
想興奮的活動。

正如他所有的學術著作一樣，魯惟一博士對於書中三個主題的
處理都是審愼、詳盡和專業的。他經常明智地使用每一點他所掌握
的文字和歷史證據，以使其他一些沈默的考古材料開口說話。作者
偶爾將一種比較的觀點帶入研究中，這也是值得稱讚的。例如在第
五章裡，其他神話中的鳥和野兔的符號與中國的材料加以比較，其
結果既富成效，又具啟發性。

在我看來，馬王堆帛畫以及其他相關隨葬品的發掘，對於研究
中國古代的宗教思想具有革命性的重要意義。我們第一次擁有準確
和直接的證據來充分生動地驗證佛教傳入以前古代中國固有的有關
死亡和來世的想像。占統治地位的認爲佛教傳入以前中國沒有來世
觀念的現代理論因此被證明是靠不住的。例如，已故胡適博士就認
爲是佛教爲中國帶來了數十重天和許多地獄的觀念[2]。最近，李約
瑟博士也表達了同樣的見解[3]。在他看來，中國古代思想中沒有天
堂和地獄；只有在佛教傳入中國後，情況才改變。說中國固有的天
堂或地獄觀念不同於佛教的是一回事，認爲中國人精神中的天堂或
地獄觀念完全是外來的則是另一回事。現在，幸好有了馬王堆的發
現，這一問題得以基本解決。

---

2 Hu Shih, "The Indianization of China: A Case Study in Cultural Borrowing,"
   In *Independence, Convergence and Borrowing in Institutions, Thought, and
   Art* (Cambridge: Harvard University Press [Harvard Tercentary Publication],
   1937), pp. 224-225.

3 Joseph Needham, *Science and Civilisation in China*, vol. 2 (Cambridge:
   Cambridge University Press, 1974), p. 98.

　　魯惟一同意多數學者的看法，帛畫描繪著軑侯夫人的靈魂往天堂朝聖。根據馬王堆三號墓出土的類似畫面，這一看法被得以有力證實。相當有意思的是，三號墓也爲我們提供了漢代有關冥府信仰的一個重要證據。那裡有一份告地策，是以軑侯「家丞」的名義寫給冥府中的主臧郎中的。其云：

> 十二年二月乙巳朔戊辰。家丞奮移主臧（藏）郎中。移臧物一編。書到先選（撰）具奏主臧君。[4]

　　顯然，家丞奮正向冥府掌事者通報新死者的到來。最近的考古表明，由冥府接管離開軀體的靈魂的信仰，在西元前2世紀的中國廣爲流傳。1975年，在湖北江陵鳳凰山十號和一六八號漢墓裡，發現了兩個相似的證據。一六八號墓裡的文書落款時間是西元前167年5月13日，由江陵丞寫給地下丞。與馬王堆的情況一樣，漢江陵丞也通知與他身分相等的「地下丞」，要求他將此案上奏主臧君。時間是西元前153年的十號墓文書稍有不同，它由死者張偃直接呈遞「地下主」[5]。毫無疑問，這個「地下主」或「主臧君」是東漢著名的泰山府君的前輩，後者最終轉化成佛教地獄裡十個閻羅或判官中的一個。

　　然而，由此產生了一個有趣的問題：爲什麼，尤其是馬王堆三號墓所展示的那樣，古代中國人同時安排靈魂上天和入地？答案最

4　湖南省博物館和中國科學院考古所，〈長沙馬王堆二、三號漢墓發掘簡報〉，《文物》，1974年第7期，頁43。
5　一六八號漢墓考古組，〈湖北江陵鳳凰山一六八號漢墓發掘簡報〉、〈關於鳳凰山一六八號漢墓座談紀要〉，《文物》1975年第9期，頁4、13。

好從中國的靈魂二元論中找到。魯惟一講得很對,漢代人將每個人的靈魂區分爲「魂」和「魄」。「魂」具有「陽」(雄性和主動)的特徵,「魄」具有「陰」(雌性和被動)的特徵。而且,魂和魄又被認爲在死時分離,前者升天,後者入地(參見其書,頁910)。應當指出的是,這個觀念在《禮記》中有極清楚的闡釋:「魂氣歸於天,形魄歸於地,故祭求諸陰陽之義也。」[6]儘管這一闡釋是漢代的,但觀念本身可以追溯到西元前515年吳公子季箚的一段論述[7]。

魂和魄的發展在漢以前有一個漫長而複雜的過程,這裡不可能細述,略說一二便夠了。魄最初曾被古人單獨用來指靈魂。從語源上看,魄指白色的,白色的光,或亮光,以及新月逐漸增加的光亮。在《書經》和許多金文裡,我們經常遇到「既生霸」(「霸」是「魄」的異體)和「既死霸」的表述,意思是「新月誕生之後」和「新月死亡之後」。胡適的觀察是對的,「古人似乎把月亮的變化階段當作它的魄(即『白光』或靈魂)的周期性的出現和消亡」[8]。另一方面,文獻似乎表明在西元前6世紀中期,魂的觀念開始流行,並最終取代魄,成爲靈魂中更重要和活躍的部分。

這種將靈魂和新月漸長的光亮結合起來的古老聯想,對於我們理解《通往仙境之路》所討論到的一些有關第七日的神話非常重要。事實上,它是理解牛郎織女和西王母兩個故事的關鍵。正如這兩個漢代故事所述,每年漢武帝與西王母相見於元月的第七日,而牛郎織女則相會在七月七日。魯惟一將這兩個故事視爲一個更大的

---

6 《禮記・郊特牲》。

7 見《禮記注疏》(南昌,十三經注疏本,1815),卷10,19b。

8 Hu Shih, "The Concept of Immortality in Chinese Thought," *Harvard Divinity School Bulletin*, 1945-1946, p. 30.

神話的組成部分，即「將宇宙的連續性看成是依賴於每年夏季和冬季的兩次聚會」（頁119），他的見解是相當正確的。小南一郎關於日本早期民間傳說的權威論述，可以使我們注意以下有趣的事實：「第七日的重要性，部分在於它有記錄月亮變化階段的作用。」[9]這實在是一個深刻的見解。

　　儘管如此，至少來說，這個神話的涵義似乎有些奇怪，稍後人們不得不把它當作民間傳說來領會。實際上，中國古典的表述「既生霸」已經為我們提供了理解這個神話的最重要的鑰匙。根據王國維的四分說[10]，在周代前期既生霸可能代表從第八或第九到第十四或第十五日的第二個時刻。王國維的理論非常好地聯繫了每年兩次發生在第七日夜半相會的事情[11]。毫無疑問，在古代中國人的心中，第七日的夜半標誌著每月既生霸時刻的開始。有意義的是，《左傳》西元前534年的一段記載中實際上已用既生魄指人的魄的產生[12]。這最終證明了中國古人的靈魂觀念是從類似新月出現的現象中產生的。

　　總之，應注意到近來關於喪禮的人類學分析對我們理解《通往仙境之路》所涉及的主題也很有關係。因為死亡作為一種過渡，不僅關係到死者，而且關係到生者。正如亨廷頓和梅特考夫所指出的，「在葬禮過程中，死者、生者，乃至於宇宙，都經歷一個過渡

9　小南一郎，〈西王母七夕傳承〉，《東方學報》（京都），卷46(1974年3月)，頁120。

10　王國維，〈生霸死霸考〉，《觀堂集林》（中華書局，1959)，卷一，頁19-26。

11　見小南一郎，〈西王母七夕傳承〉中所引用的不同版本的神話，頁36-40。

12　James Legge, *The Ch'un Ts'ew with the Tso Chuen*（《春秋左傳》）(Hong Kong: Hong Kong University Press, 1960), p. 613.

時期」[13]。結果，重生和性的主題常支配著葬禮的符號論。只有記住這一點，我們才能更全面地理解馬王堆帛畫、透光鑑圖案以及西王母神話的符號涵義。

關於帛畫上方有蛇狀尾巴的婦女形象，魯惟一作了一個有趣的設想，他認為藝術家試圖表現通往仙境的最後階段，此時軑侯夫人拋棄了世間的纏縛，達到了目的地(頁59)。當死亡被看作是「死者從生的世界向死的王國的過渡」時，這個解釋非常有味道。將帛畫最後的形象看成是實際情況——困難而又危險的過渡過程——的象徵，似乎是允許的[14]。透光鑑的宇宙意義也值得注意，因為是有意這樣設計的，正如魯惟一所說，「將人置於與宇宙的正確聯繫中，並護送他到此後的生活中」(頁83)。我傾向於認為，鏡子的象徵意義之一可能是確保因死亡而擾亂了的宇宙秩序的恢復。

最後，在西王母神話中，多層的象徵意義很容易識別。首先，西王母被想像成擁有更新宇宙循環和生命的力量。其次，漢墓裡經常出現在畫像石和青銅鏡上的西王母和東王公這對神，明顯象徵著性和重生。伏羲和女媧也具有同樣的象徵意義，他們尾巴交織的形象，在漢墓裡同樣也有廣泛的考古學分布[15]。最後，但不是無關緊要的，漢武帝會見西王母的故事也暗示著更多的東西。基於考古的證據，小南一郎有趣地解釋道，在原始神話裡西王母可能是一個雌

13　Richard Huntington & Peter Metcalf, *Celebrations of Death: The Anthropology of Mortuary Ritual* (Cambridge University Press, 1979), p. 117.

14　Huntington & Metcalf, p. 116.

15　聞一多，〈伏羲考〉，《聞一多全集》(上海：開明書店，1948)，卷一，頁3-68；鍾敬文，〈馬王堆漢墓帛畫的神話史意義〉，《中華文史論叢》，1979年第2期，頁78-80。

雄同體的形象，她代表著原始宇宙的統一和秩序[16]。我並不十分相
信西王母爲雌雄同體，然而有理由相信，西王母神話確實與統一和
秩序有某種關係。由於漢代思想的建構注重陰陽兩種宇宙力量的和
諧以及天人之間的親密關係，漢武帝與西王母的會見似乎象徵性地
暗示了陰陽、天人以及生命與秩序的平衡。據《漢武故事》，在會
見中，西王母僅僅和漢武帝討論了人間的事情，而拒絕談論超自然
世界裡的事情(頁117-118)。這可以看成是皇帝代表人間秩序的很
好證據。

　　另一方面，這個故事裡西王母明顯象徵著生命和不朽。在這一
點上，伏羲和女媧也有助於我們理解相會的象徵涵義。在漢代的民
間文化裡，女媧被看成是人類的創造者，因此象徵著生命，而伏羲
被描繪爲具有保持宇宙統一和秩序的權力[17]。顯然，在這兩個事例
中，生命和秩序之間的基本平衡被維持著。因而，佛教傳入以前有
關死亡的不同神話，不僅反映了早期中國的來世信仰，而且和幾乎
所有文化中的葬禮儀式所象徵的一樣，也表現了中國有關自然和生
命意義的基本價值觀。

　　據 "New Evidence on the Early Chinese Conception of Afterlife,"
Journal of Asian Studies 41.1 (November 1981): 81-85譯出。

(李彤　譯)

16　小南一郎，〈西王母七夕傳承〉，頁62-74。
17　見鍾敬文，〈馬王堆漢墓帛畫的神話史意義〉，頁30，引自已佚漢代著
　　作《易乾坤鑿度》的殘篇。

附錄二
「魂兮歸來！」
—論佛教傳入以前中國靈魂與來世觀念的轉變(1987年)

　　在這篇論文裡，我打算考察佛教傳入中國以前中國本土的來世觀念。我的討論將從「復禮」開始，因為我認為，這種禮儀是有關人死後復活的不同觀念的具體化，早在中國遠古就已有發展。重構復禮以後，我將著手探究「魂」與「魄」這兩種關鍵性觀念的原始形態及其發展，它們曾經存在並保留至今，是了解中國人有關靈魂和來世觀念的鑰匙。最後，我將研究這兩種來世觀念在佛教將它們轉變為「天堂」和「地獄」之前的衍變。

　　這種研究必須基於各種現有的證據——歷史的和考古的、文字的和圖畫的。我的主要目的是確認漢代精英和大眾文化共同的信仰核心。在漢代思想的特定領域裡，儒家思想與水平上融合了所有本土宗教信仰和實踐的民間道教的分界線已變得模糊不清，難於識別。例如，漢代儒家典籍《禮記》中的「魂」、「魄」觀點和漢代民間道教經文《老子河上公注》的觀點[1]，極其相似。基於同樣的

1　《老子河上公注》因其粗俗的語言而通常被定為漢代以後的著作，見張心澂《偽書通考》二卷本(上海，商務印書館，1954)，2：743-745。然而由於發現了敦煌手卷中有關《老子》的早期注釋，《河上公》文本可以追溯到2世紀或更早，見饒宗頤，《老子想爾注校箋》(香港，1956)，頁87-92，和小林正美，〈河人真人章句の思想の形成〉，《東方宗教》65(1985年5月)：20-43

原因，《太平經》也是漢末民間來世信仰不可或缺的研究資料。這一文獻的部分內容顯然源於漢代，它對於我們的主題，尤其是謹慎地將它與新近發現的、被證明是漢代的其他文獻結合起來使用時 [2]，很有幫助。

最後，關於文化的統一性或多樣性的問題也值得一談。下頁所展示的圖，是證據的反映，而不是人為的。圖中所描繪的信仰構成了一個統一的信仰系統，它貫穿於漢帝國四個世紀的統治時期。本文所討論的信仰和實踐，有些可能僅有地方亞文化的重要性，但另一方面，試圖證實每一種信仰或實踐與最初產生它的地方文化的關係，並不值得。例如，魂的觀念雖然可能源於南方，但至晚在西元前3世紀已為中國人普遍接受，泰山崇拜最遲在西元2世紀也表現出全國性的宗教意義。

在論文裡我將盡可能地確定每一個證據的時間和出處。然而，就我們目前的學識而言，究竟能從這樣的鑑別中得出何種結論，並不總是清楚的。

復禮

在漢代，有一種重要的喪禮稱為「復」，即「招魂」。這是為剛死的人舉行的系列儀式中的第一種。《周禮》、《儀禮》和《禮記》對復禮均有記載，是一種非常複雜的禮儀，但描述卻很簡略。一旦有人死了，復者——通常是死者的一位家屬，帶上死者的一套衣服，從東邊屋簷爬上屋頂，面朝北方，揮舞著死者的衣服並大叫

2　特別重要的是不同種類的漢墓中的題字，關於《太平經》的時間，見本章註22。

長沙馬王堆一號漢墓的T形帛畫，據《長沙馬王堆一號漢
墓》第二冊(北京：文物出版社，1973)1：圖38重印。

其姓名——「呵！×××，回來吧！」重複三聲後，復者拋下衣
服，地面有人接住，並將衣服蓋在死者身上。隨後，復者從西邊的
屋簷下來，復禮就此完畢。

　　據漢代經學家鄭玄(127-200)的注釋，復禮的目的是「招魂復
魄」。事實上，這個儀式表達了信仰，當魂與魄相分而離開軀體，
生命就到了盡頭。然而當死亡突然降臨，活著的人難以相信他們所
愛的人真的永遠離開了他們。他們先是假設魂的離開是暫時的，如
果能將離去的魂喚回，那麼死者就能復活。只有當復禮沒有達到目
的時，才宣布為死亡，屍體隨後被放置於他或她房間的床上，蓋上
稱為幠的裹屍布[3]。

　　最近的考古發現清楚地證實了這種漢代禮儀。1972-1974年，
湖南長沙馬王堆發掘了三個漢墓。其中一號墓最初由於很好地保存
了墓主利蒼軑侯夫人(約死於西元前175年後)的屍體，引起了世界
範圍的關注。在安葬利蒼之子的三號墓裡(前168)，發現了大量的
古代佚書。自從兩墓發掘以來，湧現了大量學術論著，對其異常豐
富的內容進行了研究，而且論著還在不斷增加。下文我將以這些驚
人發現來說明復禮。為了這個目的，我將集中討論兩幅分別出自一
號墓和三號墓的T形彩繪帛畫。除這兩幅之外，類似的畫在其他漢
墓裡也有所發現。一個中國考古學家最近對漢畫作了如下概述：

3　關於復禮，見《禮記注疏》(《十三經注疏》，1815)，卷4，頁20b，卷
　　21，頁9b-11a，卷44，頁3a-5a；胡培翬，《儀禮正義》(國學基本叢
　　書)，卷26，頁2-6；孫詒讓，《周禮正義》(國學基本叢書)，卷5，頁
　　16，20-22，另見於James Legge, tr. *The Texts of Confucianism*, Part III: *The
　　Li Ki*, 2 vols. (Sacred Books of the East, ed. F. Max Muller), 1:368-369; John
　　Steele, tr. *The I-li or Book of Etiquette and Ceremonial* (London: Probsthain
　　& Co., 1917), 1:45.

它們都是畫在絲綢上的彩色圖畫。畫面被分為三部分，從上到下描繪了天堂、人間和陰間。通過神奇的想像，天堂和陰間得以描繪。天堂的景象包括太陽、月亮，有時還有星星。太陽裡有一隻金烏，月亮裡有一隻蟾蜍和一隻白兔，有時是月亮女神嫦娥。陰間的圖景中有不同的水生動物，象徵著一個海底宮殿。在人間，圖畫描繪了日常生活的景象和墓主的肖像。[4]

　　從整體來看，這個概述是準確的，馬王堆一號墓出土的帛畫明顯是此類繪畫的典型。學者們基本同意這幅畫的中心主題是「招魂」。俞偉超認為，畫中的老婦人能清楚地確認是軚侯夫人，她上方的兩個男人很可能是「復者」(圖1，c)。從他們所處的位置和穿戴的衣帽來判斷，這兩個人是在屋頂招魂[5]。另外的證據也顯示，俞偉超的看法似乎與繪畫的主題非常吻合，尤其是當繪畫的功用弄清楚時[6]，我們能一目瞭然。而且，位於月亮下方的女人(圖1，b)不是月亮女神嫦娥，很可能是代表軚侯夫人離去的靈魂。對比三號墓出土的T形帛畫，兩幅畫中的天堂景象最明顯的區別在於後者沒

4　Wang Zhongshu, *Han Civilization* (New Haven: Yale University Press, 1982), p. 181.

5　見俞偉超在馬王堆一號墓討論會上的觀點，《文物》，1972年第9期，頁60-61。

6　《長沙馬王堆一號漢墓》二卷本(北京：文物出版社，1973，1：41)將兩人確認為「天門的看守者」；安志敏，〈長沙新發現的西漢帛畫試探〉(《考古》，1973年第1期，頁45-46)將他們稱為「大司令」和「少司令」。有關這幅畫的詳細和技術性研究，見Michael Loewe, *Ways to Paradise, The Chinese Quest for Immortality* (London, Allen and Unwin, 1979), Chapter two.

有嫦娥的形象[7]。魯惟一提出了一個很有趣的設想,他認爲畫面上端中間有一條蜿蜒尾巴的美麗女子(圖1,a)並不代表任何一個神話人物(正如學者所指出的),畫家用她來表現通向天國的最後一段旅程,此時軑侯夫人已經達到目的地[8]。換句話說,兩個形象中一定有一個代表著軑侯夫人的靈魂。值得注意的是,在第二幅畫的中間部分,女人的形象被男子所代替。這種差異有助於我們判別墓主的性別。有理由確信這個男子是軑侯夫人之子在天之靈的象徵[9]。

確定T形帛畫的主題是招魂,對於我們識別其功用也有幫助。雖然不能完全排除帛畫是作爲出殯隊伍中的銘旌這一設想,但它更像漢代經典中經常提到的復禮中的幠。在上述兩個墓的隨葬物品的詳細清單上,都列出了「非衣,長十二尺」一項。有人認爲它就是指T形帛畫[10]。這一論斷似乎很有根據。「非衣」意指「披風」、「壽衣」或「裹屍布」。而且,在古代的禮儀典籍中,「非」和「幠」可以互訓。據漢代的注釋,幠是一塊染成紅色的布,用來覆蓋剛死者的屍體,後來用在棺材上[11]。這一描述和帛畫非常一致。因此,最近認爲它是銘旌的看法,至少是可疑的。因爲按照字義,銘旌意爲「題字的出殯旗幟」,其根本目的是通過旗幟上寫的名字

---

7 王伯敏,〈馬王堆一號漢墓帛畫並無嫦娥奔月〉,《考古》,1979年第3期,頁274。

8 Loewe, *Ways to Paradise*, p. 59.

9 見金維諾,〈談長沙馬王堆三號漢墓帛畫〉,《文物》,1974年第11期,頁43。

10 關於一號墓,見商志䩾,〈馬王堆一號漢墓非衣試釋〉,《文物》,1972年第9期,頁43-47。關於三號墓也見《考古》,1975年第1期,頁57。

11 在古代禮儀文獻中,「非」和「幠」可互訓,見唐蘭和俞偉超的觀點,《文物》,1972年第9期,頁59-60。

「確定魂的離去」。早在荀子時代(前3世紀)銘旌就廣泛使用，這個情況持續到漢代[12]。事實上，最近十年漢墓所發掘的銘旌，都有這樣的題字[13]。由於母親或兒子的名字都沒寫在T形帛畫上，所以它們不可能是銘旌。

總之，似乎有理由認爲T形帛畫不僅以復禮爲重要主題，而且其功用也與復禮緊密相關。我們可以說，這些帛畫爲我們提供了各種有關禮儀的漢代文獻所記載的復禮的考古學上的證明。

魂和魄

上文提到的復禮，是以招魂復魄的信仰爲基礎。爲了領會這種儀式的全部涵義，我們必須追蹤靈魂觀念自古至漢的演變。

在西元前6世紀中期魂、魄概念開始傳播之前，魄似乎單獨用來表示人的靈魂。「魄」字(或它的異體字「霸」)的意思是「白色的」、「明亮的」或「白色的光」，是由新月逐漸增亮這一本義發展而來的。其最早的漢字見於西元前11世紀周代的甲骨上，通常在「既魄」一詞中，按照王國維的解釋，它是指太陰月裡第八、九日到十四、十五日這段時間。另一片甲骨上的「既死魄」則指二十三、二十四日到月底的那段時間[14]。這兩個詞後來反覆出現在西周

---

12 孫詒讓，《周禮正義》，卷50，頁35-36。

13 安志敏，頁50-51；馬雍，〈論長沙馬王堆一號漢墓出土帛畫的名稱和作用〉，《考古》，1973年第2期，頁119-122；許莊叔，〈復魄旌旆考〉，《文史》，17(北京，1983年6月)，頁261-263。令人有些疑惑的是，銘旌被解釋爲「題了字的」，而且迄今爲止從漢墓中出土的所有銘旌都必然有死者的名字，但安和馬仍堅持將兩幅沒有題字的T形帛畫稱作「銘旌」。

14 見〈陝西岐山鳳雛村發現周初甲骨文〉，《文物》，1979年第10期，頁

歷史文獻和金文裡，其標準式是「既生霸」和「既死霸」，它們的
意思分別是「新月出生後」和「新月死亡後」[15]。

　　既然古代中國人將月亮的變化階段看成是它的「魄」(即「白
光」或靈魂)的周期性出現和消失，那麼以此類推，最遲在西元前6
世紀早期，他們已開始將人的生死和他的「魄」的存亡聯繫起來[16]。
約成書於西元前4世紀的魯國編年史《左傳》中的兩個例子將說明
我們的觀點。西元前593年，趙同在周廷上失禮，一個官員預言
道：「不及十年，原叔必有大咎。天奪其魄。」[17]五十年後的西元
前543年，鄭國(河南中部)貴族伯有在權力和意見之爭中處於明顯
的劣勢，受到時人同樣的評論：「天又除之，奪伯有魄。」[18]在這
兩個例子中，魄被認爲是人的靈魂，它若被天奪走，人就失去了聰
明才智。顯然，魄被認爲是一種來自體外的單獨存在物。

　　但是到了西元前6世紀末，魂作爲靈魂的概念也開始流傳。西

(續)────────────────

　　　41和頁43的圖5。另參六號甲骨上「既死魄」的題字，2(H11：55)。關
　　　於既魄和既死魄的進一步討論見王宇信的總結，《西周甲骨探論》(北
　　　京，1984)，頁82-83。中國學者中唯一發表保留意見的是嚴一萍，見他
　　　的〈周原甲骨〉，《中國文字》新第1期(台北，1980年3月)，頁166。

15　見王國維，〈生霸死霸考〉，《觀堂集林》(北京：中華書局，1959)，
　　　第一冊，頁19-26。據中國社會科學院考古研究所最近得出的統計數據
　　　顯示，在390多個金文中，「既生霸」出現了59次，「既死霸」出現了
　　　26次。見劉雨，〈金文初吉辨析〉，《文物》，1982年第11期，頁77。
　　　關於中國生死觀念與月亮變化周期關係的進一步討論，見拙文〈早期中
　　　國來世觀念的新證據〉(編按：請見本書附錄一)。

16　Hu Shih(胡適), "The Concept of Immortality in Chinese Thought," *Harvard
　　　Divinity School Bulletin*(1945-46):30. 另見永澤要二，〈魄考〉，《漢學
　　　研究》n. s., 2(1964年3月)，特別是頁51。

17　《左傳・宣公十五年》。英譯見James Legge, tr., *The Chinese Classics*, 5
　　　vols. (Hong Kong: Hong Kong University Press, 1961 reprint), 5:329.

18　《左傳・襄公二十九年》。英譯見同上，p. 551.

元前516年，宋（河南東部）公和魯國客人叔孫在聚會中喜極而泣，宋國的官員樂祁說了下面的話：

> 今茲與叔孫其皆死乎？吾聞之：「樂而樂哀，皆喪心也。」心之精爽，是謂魂魄。魂魄去之，何以能久？[19]

這裡，魂和魄被看成是精神的絕對要素，是知識和智慧的源泉。當魂魄離開軀體，死亡就被認為不可避免。我們有理由相信，此時魂的觀念相對還是新的，普通中國人可能還不清楚魂和魄是通過何種途徑聯繫起來的。西元前534年，鄭國被一系列事件所深深困擾，據說這是由一個貴族的鬼魂回來向他的兇手實施報復引起的。這個貴族就是上面提到的伯有，他不僅被鄭國驅逐，而且遭到政敵的殺害。結果他失去了世襲的職位，而且他的鬼魂也被剝奪了享受祭祀的權利。這個據說是因鬼魂復仇引起的騷亂，使整個國家陷入驚慌之中。睿智的政治家及哲人子產讓伯有的兒子繼承了他的職位；於是，鬼魂滿意而去。後來，一位朋友問子產能否解釋這個奇怪的現象，他問道，鬼魂是由什麼組成的？鬼魂怎麼可能打擾人間生活？子產下面的回答對我們的研究具有重要意義，因為在談到靈魂的話題時，它常被引用：

> 人生始化曰魄，既生魄，陽曰魂。用物精多，則魂魄強，是以有精爽，至於神明。匹夫匹婦強死，其魂魄猶能馮依於人，以為淫厲……（伯有）其用物也弘矣，其取精也多

　　矣，其族又大，所馮厚矣。而強死，能爲鬼，不亦宜乎？[20]

　　首先要指出的是，子產發現有必要詳細解釋魄和魂的關係，這說明魂作爲靈魂的觀念還不爲中國人所熟悉。這一點從他認爲魄是基本的、魂是引申出來的認識中更能看出。子產強調身體的營養是靈魂的基礎，他的分析明顯帶有唯物論的色彩。總而言之，我認爲最好將這種解釋理解爲子產個人關於靈魂的看法，而不是西元前6世紀的普遍觀念。子產所述，後來成爲儒家(包括新儒家)哲學傳統裡有關「魂」和「魄」的經典之論[21]。然而，正如我們將看到的，它並不被後代，特別是漢代的普通人所接受。

　　我們不太知道魂作爲靈魂的觀念的起源，它很可能是西元前6世紀從南方傳入北方的[22]。從我們隨手掌握的原始文獻中可以說明這一點。

　　據《禮記・檀弓》記載，西元前515年，吳公子季箚在北方旅行的時候，他的兒子死了。在葬禮上，他談到對死亡的看法：「骨

20　《左傳・昭公七年》。英譯見同上，p. 618. 此處的英譯引自Alfred Forke tr., *Lun Heng* (New York: Paragon 1962 reprint), Part I, pp. 208-209.

21　正統儒家的觀念在錢穆的《靈魂與心》(台北：聯經出版公司，1976)中得到最好的表述。子產的觀點可以和亞里士多德的觀點作有趣的對比，亞里士多德在《論靈魂》413a/4中說道：「魂和身體是不能分離的，或者靈魂的某些部分也是不能和身體分離的，如果靈魂有部分的話，因爲靈魂的這些部分的現實內容即是身體部分的現實內容。靈魂的有些部分能夠與身體分離，那是因爲這些部分根本就不是身體的現實內容。」英譯本見Richard McKeoned., *The Basic Works of Aristotle* (New York: Random House, 1941), p. 556.

22　Hu Shih(胡適), "The Concept of Immortality in Chinese Thought," pp. 31-32.

肉歸復於土，命也。若魂氣則無不之也，無不之也。」[23]值得注意的是，在這一段裡顯然沒有提到「魄」。這似乎說明此觀念不如它在北方那麼普遍。並且「骨肉」指的是屍體，而不是魄。在南方的傳統觀念裡，魂被認為比魄更活躍，更有生機。這在《楚辭》裡表現得很明顯。其中兩首西元前3世紀的歌裡描繪了巫覡招魂的儀式。下面的幾句反覆地出現在兩首歌裡：

> 魂歸來兮！東方不可以托些。魂歸來兮！南方不可以止些。魂歸來兮！西方之害，恐自遺賊些。魂歸來兮！北方不可目指些。魂歸來兮！君無上天些。魂歸來兮！君無下此幽都些。[24]

「靈魂」在任何情況下都是與魂有關，並由此印證著吳公子季箚的信仰：魂真的無所不在。

　　最遲在西元前2世紀，大概由於文化的融合，中國靈魂二元論最後已定形。《禮記・郊特牲》裡簡潔地闡述了靈魂二元論的觀點：「魂氣歸於天，形魄歸於地，故祭求諸陰陽之義也。」[25]可以注意到，這裡包含了幾種二元性。除了基本的魂和魄，還有氣和形、天和地、陰和陽。我們稍後將解釋氣和形的觀念。簡言之，應這樣理解二元論：古人普遍相信個體生命由身體部分和精神部分組成。肉體依賴於地上的食物和飲水而生存，精神依賴於稱作「氣」

23　《禮記注疏》，卷10，頁19b。

24　《楚辭・招魂》。

25　《禮記注疏》，卷26，頁21b。關於魂和魄關係以及氣作為一種宇宙生命力的觀念的綜合討論，見栗田直躬《中國上代思想の研究》（東京：岩波書店，1949），頁75-146。

的無形生命力，它自天而入人體。換句話說，呼吸和飲食是維持生命的兩種基本活動，而身體和精神又被稱爲「魄」和「魂」的靈魂所支配。由於這個原因，它們分別被稱爲「形魄」和「魂氣」，正如上面引文所提到的。

將魂魄二元性和陰陽原理統一起來是後來發生的事，顯然是由西元前4世紀末、前3世紀初出現和盛行的陰陽宇宙論所引起的。雖然在上面所引的《左傳》論述中，魂被解釋爲陽，或魄的積極部分，但魄本身，或它剩餘的部分，並沒被說成是陰。將魂魄等同於陰陽的觀念還有待於發展。根據陰陽宇宙論的觀點，宇宙中運轉著兩種對立互補的基本力量。陰是最高的陰性力量，而陽是其相對的陽性力量。作爲兩種基本的要素，陰的特點是消極的、被動的，陽是積極的、主動的。只有當兩種力量相互作用時，宇宙的或個體的生命才得以存在。譬如，天和地是陰陽的最高體現，它們相互作用形成了宇宙生命。因此對於古人來說，將魂魄二元論放入陰陽框架是十分自然的事。從上面引述的《禮記》中的段落裡可以看出，最遲在漢代，以下的觀點已被普遍接受：魂屬於陽類，因而是一種主動的、屬於天的物質；而魄屬於陰，因而是一種被動的、屬於地的物質。

這種界定導致了對魂和魄關係的新認識。在漢代的精英文化和大眾文化裡，廣泛存在著這樣的信仰：人活著的時候，魂與魄和諧統一在人體內；人死的時候，兩者分離開來，並脫離身體。這個信仰可能起源於早些時候，因爲在西元前3世紀早期的楚辭裡，我們已看到「魂魄離散」[26]這一清晰的表述。

---

26 最初的表達是「魂魄離散」，但在Hawkes的翻譯中(p.103)被簡單地譯成了「他的靈魂離開了他」。David Hawkes, *Ch'u Tz'u, The Song of the*

　　然而，當魂魄分離時，它們反向而行。魂是像氣一樣輕的物質，其行動更加自由。相反，與肉體相聯繫的魄被認爲是較重的物質，其行動受限制。因此，人死的時候，魂迅速地升天，而魄以較慢的速度入地。這就解釋了爲什麼復禮中在屋頂被召喚的是魂而不是魄。出於同樣的道理，楚辭中的「招魂」也永遠不會是「招魄」[27]。

　　爲了搞清「魂氣」一詞的意思，需要談一談作爲「生命之源」的「氣」。這個概念很複雜，包含廣義和狹義。從廣義來說，氣是一種原始的、無差別的生命力量，它彌漫於整個宇宙。但當它變得有區別和有個性以便塑造宇宙萬物時，它在純度上有所改變。因此，正如劉殿爵所簡要歸納的那樣：「濁重之氣下沈爲地，清醇之氣上升爲天。人介於兩者之間，是二氣合和的產物。」[28] 西元前2世紀的一部道家哲學論著中講，魂是由純淨的在天之氣組成的，而魄是由混濁的地氣組成的[29]。就狹義而言，氣專指天之氣，在這個意義上，魂氣就與形魄區別開來了。

　　我們看到，上述觀念漢代已被廣泛接受，但怎樣從功能上區分魂和魄呢？按照鄭玄的觀點，氣或魂形成人精神和智力的基礎，而魄的作用被明確解釋爲「耳聰目明」[30]。換句話說，魂主宰著人的

(續)────────────

　　　　South (Boston: Beacon Press, 1962).
27　見聞一多，《聞一多全集》四卷本(上海：開明書店，1948)，2：458。
28　D. C. Lau(劉殿爵), *Mencius*(《孟子》)英譯本的導言(Harmondsworth: Penguin Books, 1970) p. 24.
29　劉文典，《淮南鴻烈集解》(《國學基本叢書》)，卷9，頁2a。
30　《禮記注疏》，卷47，頁14a-15a。關於這一點我想請讀者注意孟子對「大體」和「小體」的區分。孟子以爲(《孟子・告子上》)，小體由「耳目之官」組成，它們「不思而蔽於物」；大體被認爲是「心之官」，它的作用是「思」。孟子特別指出這種心之官是上天單獨賦予人

精神(包括心)，魄主宰著人的身體(包括感官)。有趣的是，魂和魄之間類似的比較也見於漢代道家文獻。根據《河上老子注》，天供給人五氣，它們從鼻孔進入身體，並留在心裡。五氣純淨而靈巧，因而跑去形成人的精神、感官、聲音等等，於是人有了魂。魂是陽性的，它進出於鼻孔，與天交通。地供給人五味，它們從口中進入身體，並留在胃裡。五味不純粹，因而跑去形成人的身體、骨肉、血脈和六種感官，於是人有了魄。魄是陰性的，它出入於口中，與地交通[31]。儘管儒家和道家對於魂和魄各自功能的看法有別，但其

(續)————

的禮物。因此，他解釋「大人」是被他的「大體」(也就是心之官)所引導的人，「小人」就是被他的小體(也就是耳目之官)所引導的人。而且，孟子進一步相信宇宙中存在一種「浩然之氣」，它在最高的層次上，廣大而頑強不屈。氣是給心注入道德力量的源泉(《孟子・公孫丑上》)。顯然，孟子一定受到了流行於西元前4世紀的宇宙觀念的影響，這種觀念認為人的身體是由較為濁重的塵世之氣組成的，心則是純淨的在天之氣的停留處(見劉殿爵的《孟子》英譯本導言)。雖然孟子在他的哲學討論中並未提到魂和魄，然而無論是結構還是功能，他對大體、小體的區分與鄭玄對魂、魄的區分有著明顯的相似。鑑於西元前6世紀起魂和魄的觀念逐漸融合，我發現很難堅持不受誘惑將孟子這一論述和同時代的靈魂二元論聯繫起來，因為後者恰好是一個樣板。如果這樣的話，鄭玄對魂和魄不同作用的解釋也許會有一個更早一些(即漢代之前)的來源。傳統上認為漢代經學家的注釋是傳統的古代觀念一代一代口耳相傳保存到漢代的，清代考據學家尤其這樣認為。那麼鄭玄關於魂和魄的觀念似乎確有古代的來源。

31　《老子道德經》(四部叢刊)，A. 3b。這裡魂氣被清晰地描述為一種類似於氣息一樣的生命力。在這方面，中國有關魂的觀念當然能與它在其他文化中的對應物相比較。例如希臘的*psyche*和*thymos*，羅馬的*animus*和*anima*以及猶太人的*nephesh*，都與氣息有關。見Richard Broxton Onians, *The Origins of European Thought About the Body, the Mind, the Soul, the World, Time, and Fate*(Cambridge: Cambridge University Press,1954) 特別是 pp. 44-46和66-69(關於*thymos*); 93-95(關於*psyche*); 168-173(關於*anima*和*animus*); 481-482(關於*nephesh*). Onians基本上正確地指出了中國魂氣的觀念與希臘、羅馬的靈魂觀念的相似性，雖然他對「中國的靈

基本結構的相似性是毋庸置疑的。這個相似性充分證明了魂魄相異，即魂是「精神的」靈魂，魄是「肉體的」靈魂，在漢代已具普遍性。

來世信仰

上述有關漢代以前靈魂觀念變化的討論，自然而然地引出來世的問題。亡靈繼續擁有知識和感覺嗎？靈魂能否作為一個獨立的實體永久存在？靈魂脫離肉體後到哪裡去了？不可否認，由於這方面的資料極少，很不容易回答這些問題。然而，近來的考古發現使重建一個總圖的設想成為可能。

靈魂二元論出現之前，來世信仰已普遍存在。在商周祭祀中，暗示著亡靈有著與生者同樣的意識。商代人通常把祭祀當作一種供養死者的實際行為[32]。據周代的金文記載，獻給祖先靈魂的犧牲和供奉君王食用的動物種類是一致的[33]。就日常供給而言，亡靈與生者並無多大差別。實際上，古人極想知道他們祖先在後世裡的生活。西元前604年，若敖家裡的一位貴族，感到一場考驗整個宗族

(續)───────

魂概念」的討論(pp. 520-530)充滿著事實和年代的錯誤。關於*psyche*作為空氣般、氣息般的東西，見Erwin Rohde 的古典研究, *Psyche*, W. B. Hillis 譯 (New York:1925), pp. 4-5;另見Emily Vermeule, *Aspects of Death in Early Greek Art and Poetry*(Berkeley: University of California Press,1979), pp. 212-213(第一章註11); Bruno Snell, *The Discovery of the Mind, The Greek Origins of European Thought*, T. G. Rosenmeyer 譯 (Cambridge, Mass: Harvard University Press,1953), pp. 8-12(關於*psyche*和*thymos*的討論).

32　H. G. Creel, *The Birth of China* (New York: Reynal and Hitchcock,1937), pp. 198-199.

33　郭沫若，《金文叢考》修訂版(北京：人民出版社，1954)，頁8b-9a。

的災難即將來臨，他哭訴道：「鬼猶求食，若敖氏之鬼不其餒而。」[34]他的意思是說，當整個宗族都被消滅了，將沒人定時向祖先的靈魂獻祭。他所關心的是中國祖先崇拜中的基本問題，因為中國人一直相信，除了自己的親骨肉(僅限於男性後代)，亡靈不會享受其他人提供的祭品，不同種的個體的氣是不能交流的。這種觀念一直延續到最近幾十年，有些人實際上還這樣認為。顯然有人相信，如果沒有祭品的供奉，祖先饑餓的靈魂會分散得更快。中國最早用來表達「亡靈」的術語是上面提到的「鬼」，從甲骨文中可以清楚地看出，早在商代「鬼」字就有了「亡靈」的意思[35]。另一方面，魄或魂作為「活人的靈魂」與鬼相區別。

亡靈享用活人提供的祭品，這種信仰在漢代大眾文化中廣泛存在。批判哲學家王充(27-100？)在《論衡·祀義》中生動地描述道：「執意以為祭祀之助，勉奉不絕。謂死人有知，鬼神飲食，猶相賓客。」[36]這一描述已被過去三十年出土漢墓中的大量食物和食物容器所證實。[37]

另一方面，靈魂能在人死後無限期存活的觀念似乎與中國的精神相反。這方面，我們可以再次以周代的祭祀系統來說明。可能部

34　《左傳·宣公四年》。

35　應注意到在甲骨文中，「鬼」和「畏」有時是可以互訓的。對於這兩個字的不同解釋，見李孝定《甲骨文字集釋》(台北：中央研究院，1965)，9：2903-2904(鬼)和2909-2012(畏)。最近的討論，見池田末利《中國古代宗教史研究》(東京：都會大學出版社，1981)，頁155-198。

36　《論衡·祀義》。

37　Wang Zhongshu, *Han Civilization*, pp. 206-207. 另見余英時，〈漢代的飲食：人類學和歷史學的透視〉(編按：已收入余英時，《漢代貿易與擴張》[台北：聯經出版公司，2008])。

分是由於商代的主要旁系後裔已轉變爲嫡系的原因，周代祭祀系統根據祖先的身分限制了祭祀的世代數目。譬如，王室祭祖不超過七代，而普通人僅祭祀父母和祖父母兩代。以此類推，新的一代將終止對最上一代的祭祀。但始祖除外，他作爲世系身分的集體象徵而被保留下來。這個系統顯然基於這樣的假設：過了一定的時間之後，亡靈逐漸分散爲原初的氣，並失去了他們的個體身分。至於祭祀的世代數目因社會群體的不同而不同，正當的說明可能基於身體和靈魂之間關係的唯物主義解釋。正如前引子產所言，貴族的靈魂比匹夫匹婦的更強旺，因爲出自一個有權勢的大家庭，他的肉體得到比普通人更好的營養，因此，他的亡靈分散得更慢一些。

隨著時間的流逝，亡靈漸漸地縮小，這種觀念可由古諺「新鬼大，故鬼小」得以證實[38]。同樣的觀念後來以不同的方式表達出來。在西元4世紀的一部文學作品裡，新亡靈被描寫得比舊的重[39]。亡靈能活下來的信仰爲古代中國的精英文化和大眾文化所共享，用胡適的話說：「亡靈只是在一段時間內因其屍體狀況而差異很大，但逐漸消散，最終全部消亡。」[40]這個有關靈魂的唯物觀點，解釋了古人爲何將死者的屍體看得很重要。新近的考古顯示，漢代人常常竭盡全力保存屍體。顯然，就像古埃及人一樣，古代中國人相信，除非屍體得到保護，否則亡靈不能存活得長久[41]。

38　《左傳・文公二年》。

39　干寶，《搜神記》（國學基本叢書），頁28。

40　Hu Shih(胡適), "The Concept of Immortality in Chinese Thought," p. 33.

41　見Loraine Boettner, *Immortality* (Grand Rapids,Michigan: Wm. B. Eerdmans Publishing Co., 1956), pp. 61-62.

陰間：魂和魄的各自住所

　　最後，為了回答靈魂離開身體後去向何處的問題，我們必須更深入地了解來世觀念。在此之前，我們必須更正一個有關來世信仰起源的錯誤觀念，這個觀念根深蒂固。早在17世紀，根據初步的歷史考查，顧炎武得出一個結論：在漢末佛教傳入中國以前，中國人沒有一個清晰的來世觀念[42]。到了現代，胡適通過對中國佛教歷史的研究，進一步支持了這一論點，他堅決認為天堂和地獄的觀念是由佛教傳給中國人的[43]。二十年前，我提出了「現世」和「彼世」仙之間的區別，李約瑟持反對意見，他說：

　　如果你熟悉不同人(印度—伊朗人、基督徒、伊斯蘭教徒等)的觀念，沒有一個像中國古代「來世」觀念那樣自然——沒有天堂或地獄，沒有造物主，以及沒有預想中的世界末日，一切都在自然之中。當然，佛教傳入後，「情況都變了」。[44]

42　顧炎武，《日知錄》(萬有文庫本，台北，1965)，卷10，頁28-29。

43　Hu Shih(胡適), "The Indianization of China: A Case Study in Cultural Borrowing," in *Independence, Convergence and Borrowing in Institutions, Thought, and Art*, Harvard Tercentenary Publications(Cambridge, Mass: Harvard University Press, 1937), pp. 224-225. 然而必須提到在他的晚年，胡適明顯改變了這一極端的看法，並且開始意識到地獄觀念也有一個中國本土的源頭。見《胡適手稿》，第八集(台北：胡適紀念館，1970)，卷一，在那裡可以很方便地找到與中國古代地獄觀念相關的大量早期材料。

44　Joseph Needham, *Science and Civilization in China*, 5.2(Cambridge: Cambridge University Press, 1974), p. 98(註C)。

　　確實，在中國古代思想中，「現世」和「彼世」的對比不如其他文化那樣凸出。有人用比較觀察的方法，合理地論證了中國早期來世觀念由於構成不同而表現出「與眾不同」。但說中國早期思想中根本沒有「彼世」及天堂地獄觀念，則顯然是誇張，而且違背了已知的歷史和考古發現的事實。

　　早在商代，就已出現了「天廷」之說，作為社會權力的託管人的帝王和貴族，他們長存的靈魂會被保留在天廷中[45]。從大約西元前8世紀開始，「黃泉」一詞被用於歷史和文學作品裡，表示死者的家。黃泉被想像成一個位於地下的黑暗、悲慘的地方。但總的說來，它還是一個模糊的概念，而且只有很少的細節保存於書面記錄中[46]。上文提到《楚辭》中的〈招魂〉，靈魂被勸告說「無上天些」和「無下此幽都些」。這樣，我們第一次在同一首詩裡遇到了天堂和地獄。中國人對於來世的想像直到漢代才得到充分的發展。隨著近幾十年來漢代考古的巨大進步，我們便能推想早期中國來世觀念的大體樣子。

　　如前所述，馬王堆出土的兩幅T形絲綢帛畫，正如上面《禮記》引文所言，清楚地揭示了人死後魂即刻「歸天」的信仰。就我們現階段的知識而論，我們還不能識別這些畫上的每一個神話元素，但這兩幅畫為我們提供了具體的證據，證明在西元前2世紀中國人已有了天上地下世界的生動觀念。

　　在漢代的大眾文化裡，天上的帝廷監視人類活動的觀念後來有所發展。在佛教對中國生活和思想產生可以感覺到的影響之前，在最早的道教經典《太平經》（成書時間可以確定是西元前2世紀）

45　Jacques Choron, *Death and Western Thought* (New York, 1963), p. 24.
46　Needham, *Science*, pp. 84-85.

裡，我們發現天上的政府至少有四「曹」，它們是命曹、壽曹、善曹和惡曹[47]。可以注意到，「曹」是直接從漢代政府機構那裡借用過來的。比如，在尚書的機構裡就有四曹，而從漢武帝時代起，尚書就變成了「國家的中樞」[48]。這也解釋了為什麼在《老子想爾注》裡天上的政府被稱作「天曹」，自此，這一觀念在中國大眾文化裡永久存在[49]。《太平經》也解釋了不同的曹是如何處理它們的事務的，每個曹掌管著所有活人的個人詳細檔案。比方說，一個人積累了足夠的功勞，他的檔案經過評審，將被轉入壽曹[50]。另一方面，一個從前行善的人後來被發現犯了很多罪，也有可能最後留在了惡曹[51]。因而，不僅活人的個人記錄日日更新，而且這些記錄還經常從一曹轉入另一曹。事實上，這種活動成了天上官僚機構的主要職責。

現在，讓我們轉入漢代的來世觀念。幸運的是，馬王堆三號墓

47　王明，《太平經合校》（北京：中華書局，1960），頁526，546，551，552。《太平經》的年代一直引起很大的爭議。見B. J. Mansvelt Beck, "The Date of the *Taiping Jing*," *T'oung Pao*, 66.4-5 (1980):149-182. 然而，現代的學者基本同意一個觀點，即雖然它包括許多後來的解釋，但部分作品的時間可以確定為2世紀。見本書第一章註17。Max Kaltenmark, "The Ideology of the *T'ai-P'ing ching*," in Holmes Welch and Anna Seidel, eds., *Facets of Taoism* (New Haven: Yale University Press, 1979), pp. 19-45. 最近，兩個中國學者致力於證實這個文本的漢代起源。見王明，〈論《太平經》的成書時代和作者〉，《世界宗教研究》，1982年第1期，頁17-26和湯一介，〈關於《太平經》成書問題〉，《中國文化研究集刊》第1期（上海：復旦大學出版社，1984年3月），頁168-186。

48　Wang Yu-ch'uan, "An Outline of the Central Government of the Former Han Dynasty," in John L. Bishop, ed., *Studies of Governmental Institutions in Chinese History* (Cambridge, Mass: Harvard-Yenching Institute, 1968), p. 38.

49　饒宗頤，《老子想爾注校箋》，頁33，77。

50　《太平經校注》，頁602，625。

51　同上，頁552。

發現了有趣的證據，一塊告地策中寫道：

> 十二年二月乙巳朔戊辰。家丞奮移主贓（藏）郎中。移贓物
> 一編。書到先選（撰）具奏主贓君[52]。

這塊木牘揭示了兩點，首先，既然同一個墓中出土的帛畫表現著死
者之魂上天，那麼目前這塊木牘只有被理解為有關死者之魄入地才
有意義。其次，陰間的官僚機構與天堂相似，都是模仿人間的。一
個有趣的發現是：在西元前104年前，郎中令的職責是向皇帝本人
效勞[53]。因此，軑侯家丞與陰間郎中令身分相似，這是毋庸置疑
的。換句話說，家丞奮向他陰間王廷的同僚通知死者的到達。在這
個事例中，死者是軑侯的兒子。1975年湖北江陵鳳凰山漢墓出土的
兩件文書與此相似，也證實了這種習俗。出自一六八號墓的一件文
書，時間斷定是在西元前167年，文書是以江陵丞的名義發給地下
丞的。前者告訴後者他管轄下的一個人死了，屍體將移居地下，並
請求後者向地下主彙報此事[54]。第二件文書從十號墓出土，時間認
定為西元前153年，文書直接以死者張偃的名字發送給地下主。
與馬王堆的例子不同的是，鳳凰山墓的兩個墓主既非貴族，也非

52　〈長沙馬王堆二、三號墓發掘簡報〉，《文物》，1974第7期，頁43和
　　12號牘，第11。

53　Wang Yü-ch'üan, "Central Government," p. 52（note 52）ND pp. 20-21.

54　〈湖北江陵鳳凰山一六八號漢墓發掘簡報〉，《文物》，1975年第9期，
　　頁4和3號牘，第1。也見俞偉超在專題討論會上發表的意見，見《文
　　物》同一期，頁12-14，那兒有另一個可比較的類似的文書。對於這份
　　文書的進一步討論，見陳直，〈關於江陵丞告地下丞〉，《文物》，
　　1977年第12期，頁76和黃盛璋，《歷史地理與考古論叢》（濟南：
　　1982），頁201-206，一六八號墓墓主的社會地位被相當詳細地討論了。

官員，只不過是普通平民百姓而已，這充分證明了來世信仰的普遍性[55]。

既然魄和身體聯繫緊密，因此，當屍體被埋葬時，它也隨之入地。然而，在漢代似乎廣泛流行一種信仰，即認為魄的生命非常依賴於屍體的情況。如果屍體被很好地保存和恰當地安葬，魄不僅能得到安息和保持與屍體接近，而且可能存在得更久。因此，隨葬品的過於豐富和屍體保護的過多花費是漢代墓葬的顯著特徵。但不是每個家庭都負擔得起像馬王堆墓那樣的花費的。按照漢代喪禮，保存屍體最簡單的方式是，將一塊玉放入死者的嘴裡[56]。這種禮俗已被近期的考古發現所證實[57]。古人普遍認為玉可以防止屍體腐爛，1968年，在河北滿城發現了一個漢代早期的諸侯墓，其中聞名於世的「玉衣」顯然是用來達到此效果的[58]。

總之，結合文獻和考古發現的證據，可以得出如下觀點：佛教傳入中國以前，有關天堂和陰間的信仰，是和魂魄二元論的唯物論觀念緊密相連的。人死了，魂和魄被認為是朝不同的方向離去的，前者上天，後者入地。當佛教傳入後，來世天堂和地獄相對立的觀念才得以在中國思想裡充分發展。

---

55 引自俞偉超的評論，見《文物》，1975年第9期，頁13。

56 楊樹達，《漢代婚喪禮俗考》(上海：開明書店，1933)，頁73-74。

57 例子見於《文物》，1972年第12期，頁12和《文物》，1975年第9期，頁7。

58 《滿城漢墓》(北京：文物出版社，1978)，頁25-26，也見史為，〈關於金縷玉衣資料簡介〉，《考古》，1972年第2期，頁48-50。

仙的出現和來世的重建

漢武帝統治時期(前140—前87)，來世觀念經歷了根本的轉變，如果不對此作一個簡要的討論，有關中國來世觀念的歷史報告將是不完整的。由這個轉變，我們將談到仙人不死崇拜的發展[59]。

仙是中國古代思想裡一個獨特的觀念，它開始可能是作為一種精神完全自由的浪漫想像。仙的原型見於《莊子》首篇，篇中描寫著這樣一位神人：

> 藐姑射之山，有神人居焉，肌膚若冰雪，淖約若處子。不食五穀，吸風飲露，乘雲氣，御飛龍，而遊乎四海之外。[60]

這裡值得注意的是，神人不吃五穀和其他任何東西，只「吸風飲露」，因為風和露來自天上。《莊子》在別處也提到作為養生之道的導引[61]。看來，仙的觀念最初被明確地想像為魂，由氣組成，能上天。

魂和仙唯一的區別在於：前者在人死後離開身體，後者通過將身體轉化為天上的氣而獲得完全的自由。因此，導引和辟穀被廣泛認為是成仙的兩種重要方法[62]。在《楚辭‧遠遊》中，描繪了古代

---

59 有關漢代神仙不死崇拜的綜合研究，見本書第一章。

60 英譯見Burton Waston, tr., *The Complete Works of Chuang Tzu* (New York: Columbia University Press, 1968), p. 33.

61 英譯見同上，p. 168(註釋)。

62 《史記》(北京：中華書局，1959)，卷55，頁2048，兩種習俗現在已被發現於馬王堆的先秦文本所證實。見《文物》，1975年第6期，頁1，6-

仙人升天的景象：

> 因氣變而遂曾舉兮，忽神奔而鬼怪。……絕氛埃而淑尤兮，終不反其故鄉。[63]

考慮到《莊子》和楚辭都是南方楚文化的產物，仙和魂觀念的家族相似性大概不能僅看成是歷史的巧合。

如我們所知，在早期哲學和文學的想像裡，仙是棄絕人世的人，他必須「絕氛埃」、「終不反其故鄉」。但當仙人不死的觀念引起世間統治者的注意後，戰國時代的諸侯、秦漢的皇帝，便開始將它發展成為一個具有現世特徵的崇拜。諸侯和皇帝並沒有興趣成仙，因為他們不願放棄在世間享有的榮譽和快樂；相反，他們渴望將其世俗快樂延長到永遠。

西元前221年之前，世俗求仙崇拜在各諸侯間已相當流行。漢武帝時期，求仙崇拜達到了頂點。一些方士使武帝相信他們能安排他和仙人在泰山(古代的聖山)頂上相會，以此為他最後升天作準備。這時他們編造了一個故事：黃帝在泰山頂上舉行封禪儀式後，並沒有死，而是和他的大臣、宮女們騎著黃龍飛升上天。武帝相信了這個故事，也在西元前110年朝覲了泰山，並舉行祭祀黃帝的儀式。他自信地返回國都，以為他會像黃帝一樣上天成仙。最遲到了西元1世紀，仙人不死崇拜已經從皇室及貴族圈內傳到普通民眾那裡。一塊漢代石刻上寫道，西元7年，漢中(位於陝西中部)一個叫唐公房的官吏求仙成功，結果，他全家包括房屋、雞犬都和他一起

(續)

　　13，14-15。

63 《楚辭·遠遊》。

升天。

　　這種崇拜的大普及從根本上改變了漢代的來世觀念。根據《太平經》，只有那些得道的仙人才允許進入天堂[64]。因為不死的仙人和可分解的魂被認為是屬於兩種完全不同類別的存在，他們不會混為一體地同處於天上；既然如此，必須為魂找到一個新的住所。於是，陰間的政府機構便擴建起來。基於歷史和考古的多種證據，有關陰間的新觀念可被簡述如下：首先，大約在西元前1世紀末期，逐漸產生了一個信仰，認為陰間有一個最高統治者叫泰山府君，他的都府位於泰山附近的一座名叫梁父的小山上[65]。值得注意的是，梁父是皇帝向最高的地祇(地主)獻祭的地方[66]。將「地主」轉化為「地下主」確實僅是一小步，而泰山府君的名號也需要解釋。「府君」一詞不能認為是普通意義上的「主」，實際上，它在漢代是郡一級官員的通稱。「泰山」也不能理解為聖山本身，而應理解為以聖山命名的郡[67]。換言之，將陰間的最高統治者稱為泰山府君，既指明了他所居住的地方，又指明了他的官銜。因為他掌管死人，所以他的官位比人間最高統治者的官位低，他的另一些通常的稱呼也

64　《太平經合校》，頁138。

65　關於泰山作為死亡之地的觀念的形成，見趙翼《陔餘叢考》(上海：商務印書館，1957)，卷35，頁751-752；Édouard Chavannes, *Le T'ai Ch'an* (Paris: Leroux, 1910), chapter six；酒井忠夫，〈泰山信仰の研究〉，《史潮》，第7卷第2期(1937年6月)。

66　由於篇幅的限制，以下的討論將大為壓縮。有關詳細的討論，參見我的中文論文〈中國古代死後世界觀的演變〉，《燕園論學集》(北京：北京大學出版社，1984)，頁177-196；《史記》，卷28，頁1367，英譯見 Burton Watson, tr., *Records of the Grand Historian of China,* 2 vols. (New York: Columbia University Press, 1961), 2:24.

67　這一點見於胡三省注釋的《資治通鑑》(北京：中華書局，1956)，卷20，頁678。

與此完全吻合。例如，漢墓出土的石刻經常稱他爲「泰山主」，或「地下府君」[68]。而且，一本漢代的民間宗教小冊子說他是「天帝孫」[69]，最後一個例子正說明了這一點。顯然，「天帝孫」的概念是從「天子」(皇帝)的概念類推而來的。

其次，像人間的最高統治者一樣，泰山府君被認爲也有官僚機構幫助他管理死者。從見於漢墓和其他文本裡的不同官銜來判斷，陰間的官僚機構模仿著漢代的行政系統。剛死的人要做的第一件事，就是去陰間首府登記。有進一步的證據表明，陰曹地府可以根據死亡記錄，派人去捉拿那些壽數已盡的人的靈魂。隨著時間的流逝，死後懲罰的觀念也出現在漢代的來世信仰裡。西元2世紀的《太平經》裡，對於陰間的司法管理有如下生動的描述：

爲惡不止，與死籍相連，傳付土府，藏其形骸，何時復出乎？精魂拘閉，問生時所爲，辭語不同，復見掠治，魂神苦極，是誰之過乎？[70]

68 引自方詩銘，〈再論地券的鑑別〉，《文物》，1979年第8期，頁84。有關泰山府君轉化的更多細節，見岡本三郎，〈泰山府君の由來について〉，《東洋學研究》，1(1943年11月)：63-98。

69 我們從保存在張華(232-300)《博物志》裡的《孝經援神契》殘篇中得此信息，見范寧《博物志校注》(北京：中華書局，1980)，頁12。這也許解釋了爲什麼天帝常派遣使節去警告陰間裡各個級別的官員，他們不能折磨手下的鬼神(正如最近大量的考古證據所顯示的)。見林巳奈夫，〈漢代鬼神の世界〉，《東方學報》，46(1974年3月)：227-228和註釋4(頁297-298)。漢代人顯然相信在陰間的靈魂要向陰間裡的官吏納稅和服勞役。見郭沫若，《奴隸制時代》(北京，1972)，頁94中所引的173年的一個漢墓裡的題字。

70 《太平經合校》，頁615和頁598-599。與古希臘相比，中國的死後懲罰觀念發展得較爲遲緩。見Emily Vermeule, *Aspects of Death*, p. 8,和E. R. Dodds, *The Greeks and the Irrational* (Berkeley: University of California

　　這個想像中的陰間，可能恰好是當時現實的真實反映。尤其在2世紀，帝國和地方的監獄裡，審訊和拷打是非常殘酷的[71]。

　　再次，我們有理由相信，陰間最高統治者泰山府君的權力，最初被想像成是用來管理魂的。幾種歷史和文學的原始資料都將魂與泰山聯繫起來，使人想起陰間的最高統治者泰山府君。魂也被說是「歸」或「屬」於泰山[72]。可以想到，天上居住著仙人，魂再也回不去了。對於漢人而言，泰山是想像中最高的地方，僅次於天。嚴格地講，魂甚至也不能上升到聖山的頂峰，因為它變成了皇帝與仙人會面的地方。魂只能到梁父去，那裡是泰山府君管理中央行政的地府。應進一步指出的是，在漢代大眾文化裡，泰山(尤其是它的頂峰)是生命和不朽的象徵，而梁父是死亡的象徵。然而，梁父位於泰山附近，受泰山郡的管轄，這個簡單的事實在漢代大眾的來世信仰方面逐漸引起了很廣泛的混亂。由於泰山郡和泰山混淆不清，從2世紀起，文獻經常談到魂歸於聖山。但最初的觀念是，剛死之人的魂很可能會跑到泰山郡的梁父山，在陰曹地府裡登記上自己的名字。

　　最後，談到魄。既然魂去了陰間而不是天上，那麼魄呢？魄受陰曹地府的一個分支機構的管理。據武帝時的一個宮廷弄臣東方朔所說，負責死人的部門叫柏。很顯然，魄和柏在語源學上擁有相同

(續)────────────

　　　Press, 1951), pp. 137, 150-151.

71　呂思勉：《秦漢史》，二卷本(上海：開明書店，1947)，下冊，頁704-709。

72　《後漢書》(北京：中華書局，1965)，卷90，頁2980。需要著重指出的是，《博物志》中所保存的《孝經援神契》的殘篇(見上頁註69)也被唐代的注釋者引來支持《後漢書》的論述。《後漢書》中說道：「死者魂神歸岱山。」注釋者引用《博物志》說道：「泰山，天帝孫也，主召人魂。」(卷90，頁2981)這兩段恰好互相吻合。

的構字成分，柏的名稱極有可能出自它是魄的住所的觀念。而且，東方朔也將柏解釋為「鬼廷」[73]。在漢代，「廷」通常指縣令的衙門，就如「府」統稱郡級官員的辦公處所一樣[74]。這與漢代陰間官僚等級制度非常吻合：掌管魄的神的級別比掌管魂的神泰山府君的級別低一級。大約在西元前1世紀中期，蒿里是死者住處的說法突然變得很流行。有趣的是，蒿里是泰山腳下另一處很有宗教意義的地方，西元前104年武帝在此舉行祭祀「地主」的儀式[75]。後來在漢代的民間文學裡，開始把蒿里和下里、黃泉都看成是死者的永久居住地[76]。漢代的陰間裡有兩個不同的地方收容亡靈，這似乎讓人感到很疑惑。然而，一旦當我們想起每人都被認為有魂和魄時，疑惑頓時煙消雲散。出土的東漢碑銘為我們提供了清晰的證據，魂和魄隸屬於陰曹地府[77]。這意味著剛死的人的魄很有可能需要向蒿里

73　《漢書》（北京：中華書局，1962），卷33，頁2845。

74　關於「府」和「廷」分別作為郡守和縣令的官府的名稱，見嚴耕望，《中國地方行政制度史》卷一，第一部分（台北：中央研究院歷史語言研究所，1960），頁216。

75　《漢書》38.1991。

76　關於「蒿里」意思是「陰間」，見《漢書》，卷63，頁2761和顏師古在頁2762上的注釋。關於漢代一般文獻中，特別是墓碑上的「蒿里」和「下里」，見吳榮曾，〈鎮墓文中所見到的道巫關係〉，《文物》，1981年第3期，頁59。在*Taoism and Chinese Religion*（Frark A. Kierman, Jr., Amherst, tr. The University of Massachusetts Press, 1981）一書中，Henri Maspero 簡要論證了泰山府君在後來的道家傳說裡的陰間局限在「小丘蒿里」（pp. 102-104）。這裡的「蒿里」異讀為「蒿（高）里」。雖然有些誤傳，但這個後來的傳說仍然顯示了它與起源於漢代的傳說有著明顯的關係。

77　見吳榮曾在〈鎮墓文中所見到的道巫關係〉中所舉出的一些例子，頁60-61。正如大量的文獻和考古材料所披露的，漢代來世信仰中充滿了矛盾，這一點經常被指出。我想要表明的是，總的來說，如果我們記住在漢代人們普遍相信死時魂魄是分離的，以及能夠成仙不死和上天，上

的地府報到，就如魂需要向梁父的地府報到一樣。民間仙人不死崇
拜不講魂歸天，與此對應，中國陰間觀念似乎進行了根本的調整，
它按照二元論分別安置了魂和魄。

這個佛教傳入前的陰間二元結構，清楚地反映在陸機（261—
303）下面的詩句裡：

> 梁甫亦有館，蒿里亦有亭。
> 幽途延萬鬼，神房集百靈。[78]

這裡詩人描寫了想像中的情景，魂和魄奔向各自的目的地——梁父
和蒿里。通過他的想像，漢代的旅舍系統（館和亭）引入了陰間[79]。
毫無疑問，「鬼」特指魄，「靈」特指魂。在漢代儒家有關「祭義」
的論述裡，「鬼」和「神」分別用來指人死之時分散的魄和魂[80]。將
鬼和死後的魄視爲一體的看法，已爲上述東方朔的言論所證實。詩
中的「靈」也可看作是從魂或神衍生而來的。例如，陸機之弟陸雲

（續）————————————

　　述有關喪禮、天堂和地獄觀念的討論就能講得通。雖然肯定有矛盾之
　　處，但它們並不會使我們對漢代信仰的考察變得無效或無意義。相反有
　　理由認爲，無論社會地位如何，這些信仰在漢代人的日常生活中都占據
　　著中心的位置。而且正如近來西方的宗教研究所顯示的，信仰天堂和來
　　世並不依賴於邏輯上的一貫性來證明它們的有效。關於這一點，見
　　Robert N. Bellah, "Christianity and Symbolic Realism," *Journal for the
　　Scientific Study of Religion 9*（Summer 1970）: 89-96,和 Bradley R. Hertel,
　　"Inconsistency of Beliefs in the Existence of Heaven and Afterlife," *Review of
　　Religious Research* 21.2 （Spring 1980）: 171-183.
78　見《陸士衡文集》（四部叢刊），卷7，頁8。
79　見余英時，《漢代貿易與擴張》，（台北：聯經出版公司，2008）。
80　見《禮記注疏》，卷47，頁14a-b，和孔穎達在《左傳註疏》中的正
　　義：「改生之魂曰神，改生之魄曰鬼。」（《十三經注疏》，1815），卷
　　44，頁13a-14b。

(262-303年)在〈登遐頌〉裡，用靈魂代替魂魄[81]。因而，可以很有把握地說，甚至到了3世紀，漢代來世的二元觀仍活躍在中國人的思想裡，人們相信人死後魂歸於梁父而魄歸於蒿里。然而，魂和魄在陰間被重新安排，其本性和關係並未發生根本的改變，說明這一點是重要的。原先魂上升、魄下沈的觀念保持不變，在新的觀念裡，魂的目的地是在位於高處的梁父山上，而魄下到蒿里，也即大眾文化中的下里。這點被作者的另一首詩進一步證實，在詩中他明確地說人死後魂「飛」魄「沈」[82]。

　　總之，將陰間和泰山聯繫起來的漢代大眾信仰，爲中國人適應更有影響力的佛教「地獄」觀念奠定了基礎。在安息僧人安世高(2世紀)和康居僧人康僧會(3世紀)的譯文中，「地獄」經常被譯爲「泰山地獄」。一個譯本甚至說了些大意是魂和魄在泰山地獄受殘酷折磨的話[83]。這種說法非常符合中國本土有關死後懲罰的觀念(見前引《太平經》)。不用說，當佛教漸漸在中國發展起來時，中國的靈魂和來世觀念完全改變了。結果，陰間二元論最終由閻王掌管的「十地獄」的信仰所替代。但是，由泰山府君掌管死者的漢代傳統卻在激烈的轉化中保存下來。泰山府君沒被徹底忘記，他成爲佛教陰間的十王之一[84]，得到了一個永久的位置——泰山閻王。值

81　《陸士龍文集》(四部叢刊)，卷6，頁33。應指出《後漢書》(卷90，頁2980)裡也用「魂神」和「神靈」指代「魂」。

82　見《陸士衡文集》中的詩〈贈從兄車騎〉，卷5，頁18：「營魄懷茲土，精爽若飛沈。」這裡「營」是「魂」的另一種表達。見《左傳》(卷10)。

83　《胡適手稿》第八集，卷一，頁83-107。

84　《胡適手稿》第八集，頁13-42。關於「陰間十王」的通常說法，見Anthony C. Yu,tr., *The Journey to the West,* 4 vols. (Chicago: University of Chicago Press, 1977), 1: 110。

得強調的是，如果沒有關於佛教傳入以前中國本土來世信仰的知識，那麼漢代以後受佛教影響而發展起來的民間來世信仰形式是不可能得到充分理解的。

據"'O Soul, Come Back!'A Study in the Changing Conceptions of the Soul and Afterlife in Pre-Buddhist China,"*Harvard Journal of Asiatic Studies* 47.2（December 1987）: 363-395譯出。

（李彤　譯）

索引

十四劃

余英時文集9

東漢生死觀

2023年1月二版　　　　　　　　　　　　定價：平裝新臺幣320元
有著作權‧翻印必究　　　　　　　　　　　　　精裝新臺幣550元
Printed in Taiwan.

著　　　者　余　英　時
譯　　　者　侯　旭　東　等
編　　　者　何　　　俊
總　策　劃　林　載　爵
總　編　輯　涂　豐　恩
副總編輯　陳　逸　華
叢書主編　沙　淑　芬
校　　　對　陳　龍　貴
封面設計　莊　謹　銘

出　版　者　聯經出版事業股份有限公司　　總　經　理　陳　芝　宇
地　　　址　新北市汐止區大同路一段369號1樓　社　　　長　羅　國　俊
叢書主編電話　(02)86925588轉5310　　發　行　人　林　載　爵
台北聯經書房　台 北 市 新 生 南 路 三 段 9 4 號
電　　　話　(0 2) 2 3 6 2 0 3 0 8
台中辦事處　(0 4) 2 2 3 1 2 0 2 3
台中電子信箱　e-mail:linking2@ms42.hinet.net
郵 政 劃 撥 帳 戶 第 0 1 0 0 5 5 9 - 3 號
郵　撥　電　話　(0 2) 2 3 6 2 0 3 0 8
印　刷　者　世 和 印 製 企 業 有 限 公 司
總　經　銷　聯 合 發 行 股 份 有 限 公 司
發　行　所　新北市新店區寶橋路235巷6弄6號2F
電　　　話　(0 2) 2 9 1 7 8 0 2 2

行政院新聞局出版事業登記證局版臺業字第0130號

本書如有缺頁，破損，倒裝請寄回台北聯經書房更換。　　ISBN　978-957-08-6713-8 (平裝)
聯經網址 http://www.linkingbooks.com.tw　　　　　　ISBN　978-957-08-6714-5 (精裝)
電子信箱 e-mail:linking@udngroup.com

本書中文譯稿由上海世紀出版股份有限公司古籍出版社授權使用

國家圖書館出版品預行編目資料

東漢生死觀/余英時著 . 侯旭東等譯 . 二版 . 新北市 .
聯經 . 2023.01 . 220 面 . 14.8×21 公分 .
譯自：Views of life and death in later Han China
ISBN　978-957-08-6713-8（平裝）
ISBN　978-957-08-6714-5（精裝）
[2023年1月二版]

1. CST: 秦漢哲學　2. CST: 生死觀　3. CST: 東漢史

191.92　　　　　　　　　　　　　　　111021606